EU SOU N

EU SOU N

Relatos de cristãos que enfrentam
o extremismo islâmico

Organizado por

A VOZ DOS MÁRTIRES

Traduzido por Luciana Chagas

mundocristão

Os textos bíblicos foram extraídos da *Nova Versão Transformadora* (NVT), da Editora Mundo Cristão (com permissão da Tyndale House Publishers, Inc.), salvo indicação específica.

CIP-Brasil. Catalogação na publicação
Sindicato Nacional dos Editores de Livros, RJ

V955e

A Voz dos Mártires
Eu sou n : relatos de cristãos que enfrentam o extremismo islâmico / A Voz dos Mártires ; tradução Cecília Eller. - 1. ed. - São Paulo : Mundo Cristão, 2021.
256 p.

Tradução de : I am n
ISBN 978-65-86027-79-2

1. Mártires cristãos - Países islâmicos - Biografia. 2. Cristianismo e outras religiões. 3. Islã - Relações - Cristianismo. I. Eller, Cecília. II. Título.

20-68159 CDD: 922.2
CDU: 929:27-34

Categoria: Cristianismo e sociedade
1ª edição: abril de 2021

Edição
Daniel Faria
Revisão
Natália Custódio
Produção e diagramação
Felipe Marques
Colaboração
Ana Luiza Ferreira
Adaptação da capa
Ricardo Shoji

Publicado no Brasil com todos os direitos reservados por:

Editora Mundo Cristão
Rua Antônio Carlos Tacconi, 69
São Paulo, SP, Brasil
CEP 04810-020
Telefone: (11) 2127-4147
www.mundocristao.com.br

*Lembrem-se dos que estão na prisão,
como se vocês mesmos estivessem
presos. Lembrem-se dos que são
maltratados, como se sofressem os
maus-tratos em seu próprio corpo.*

Hebreus 13.3

Sumário

Introdução

A história por trás das histórias

"Eu sou n"? O que isso quer dizer?

Quando militantes do autointitulado Estado Islâmico do Iraque e da Síria (EI) se encaminharam para o norte do Iraque, começaram a identificar as propriedades dos cristãos. As famílias encontravam a letra árabe ن (*nun*), ou *n*, pintada em suas casas e igrejas. Essa única letra comunicava a poderosa acusação de que os ocupantes são "nazarenos", pessoas que seguem a Jesus de Nazaré, em lugar do islã.

Ser rotulado como "n" em uma comunidade dominada por extremistas islâmicos representava uma mudança imediata de identidade e de vida. Com essa marca, vinha o ultimato: se você se convertesse ao islã ou pagasse o imposto, poderia manter seus bens materiais e permanecer nesta comunidade. Caso contrário, teria de ir embora ou morrer.

Qualquer pessoa que se posicionasse por Jesus no Iraque ocupado, qualquer um que escolhesse ser "n", pagaria um alto preço. Sem aviso prévio, alguns cristãos foram arrastados para fora de seus lares e locais de trabalho por militantes armados — e nunca mais foram vistos. Pastores que compartilhavam a mensagem de Deus em sua comunidade foram decapitados em frente à família. Filhos que não renunciaram Jesus foram fuzilados. Adolescentes eram tirados do lar e da família e forçados a entrar para o exército do EI, ou então seriam espancados, mutilados e dados como mortos. Outras atrocidades são tão horrendas que não as descreveremos aqui.

Iniciando em 2003, tal perseguição compeliu mais de 1 milhão de cristãos iraquianos, que se recusaram a renunciar Jesus e a Bíblia, a fugir. Muitos sobreviventes vivem em campos de refugiados, confiando diariamente que Deus proverá seu alimento, abrigo e segurança, pois não têm dinheiro, opções de emprego, nem outro lugar para ir. O mais desafiador é que a realidade de sua situação não é temporária. É improvável que suas circunstâncias de vida neste mundo melhorem consideravelmente algum dia.

Todavia, esse compromisso corajoso e constante com Deus diante da perseguição apresenta um retrato poderoso para os seguidores de Jesus do mundo inteiro sobre o que realmente significa ser "n". Tais pessoas sacrificaram voluntariamente tudo o que tinham neste mundo a fim de cumprir o chamado de Deus para obedecer-lhe e servi-lo. Assim como os heróis da fé cujas histórias lemos na Bíblia e no registro da história da igreja, eles vivem as palavras de Paulo em Filipenses 1.21: "Para mim, o viver é Cristo, e o morrer é lucro".

Histórias que precisam ser compartilhadas

Este livro foi escrito com o intuito de compartilhar as histórias de cristãos — da Nigéria à Malásia e ao Paquistão — que sofreram perseguição de extremistas islâmicos. À medida que as lê, por favor, compreenda que o livro não tem a intenção de incentivar qualquer tipo de ódio em relação aos muçulmanos. Em vez disso, nós nos unimos à nossa família perseguida no amor a eles e no esforço para vê-los se entregando a Cristo.

Queremos que você tenha a oportunidade de conhecer alguns dos seguidores perseguidos de Jesus que vivem e viveram em comunidades e nações hostis. A história deles é importante porque são nossos irmãos e irmãs na família global de Jesus Cristo e necessitam que nos posicionemos ao lado deles. Nós, em contrapartida, precisamos que esse exemplo de fidelidade diante da perseguição nos encoraje em nossa caminhada com o Senhor (Hb 12.1-2). O sacrifício que fizeram é um testemunho poderoso sobre o nosso Deus todo-amoroso, cuja graça se desdobra para salvar cada pecador e dá poder àqueles que aceitam Jesus como Salvador e Senhor para viver em serviço fiel a ele.

Não será fácil ler as histórias a seguir. Saber que consistem em relatos verdadeiros de episódios reais que aconteceram com gente de verdade incomoda. Algumas histórias são no mínimo perturbadoras; outras, verdadeiramente terríveis. Para cada um desses relatos, existem centenas de outros que nunca chegarão aos noticiários ou às redes sociais.

Compartilhamos os relatos por meio de testemunhos oculares e entrevistas. Não consistem em composições históricas baseadas em rumores. São atuais e verdadeiras, ocorridas entre 2001 e 2015. Comemos junto com esses irmãos e irmãs em Cristo, oramos com eles e ajudamos a suprir algumas de suas necessidades. Embora essas narrativas sejam fiéis a acontecimentos reais, alguns diálogos e certas descrições se baseiam em reflexões razoáveis acerca da época, do lugar e das circunstâncias. Por motivos óbvios, usamos pseudônimos e, às vezes, não mencionamos lugares específicos ou outros detalhes. Levando em conta as limitações de compartilhar histórias como essas, este é o livro mais preciso, completo e realista que poderíamos compilar sobre tais testemunhas modernas de Cristo.

Histórias que evocam uma resposta

Compartilhamos essas histórias em primeira mão para que você conheça seus irmãos e irmãs que são perseguidos por causa da fé em Cristo. Nós o convidamos a olhar bem no fundo dos olhos deles e se permitir compartilhar da experiência de fé que vivem em seu mundo. Talvez seja desconfortável. Pode ser tentador olhar para o lado, como fazemos quando deparamos com um mendigo no ponto de ônibus ou com um desabrigado segurando um cartaz de papelão no sinal de trânsito. Mas se essa pessoa fosse um membro de sua família, seu irmão ou sua irmã, você ainda assim desviaria o olhar? Ou se sentiria atraído a abraçar e ajudar aqueles que enfrentam grandes dificuldades?

Nosso objetivo não é despertar piedade pelos seguidores perseguidos de Jesus em países muçulmanos hostis. Não é por isso que compartilhamos essas histórias. Nosso motivo é simplesmente descrever suas experiências para que você se posicione ao lado deles. Para que ore por eles. Para que eles saibam que não estão sozinhos no esforço de propagar o amor de Jesus quando isso gera espancamento, tortura e morte — de si mesmos ou de seus amados.

Nosso desejo é que os cristãos ao redor do mundo reconheçam que esses seguidores perseguidos de Jesus são irmãos e irmãs na família de Deus, recebendo-os na íntima união de que a Bíblia fala: "Lembrem-se dos que estão na prisão, como se vocês mesmos estivessem presos. Lembrem-se dos que são maltratados, como se sofressem os maus-tratos em seu próprio corpo" (Hb 13.3).

À medida que conhecemos esses seguidores perseguidos de Jesus, descobrimos que eles não são "supercristãos" que, de algum modo, alcançaram um nível elevado de espiritualidade. São pessoas como nós. Sentem angústia profunda quando suas crianças são levadas embora, quando perdem o esposo pela morte, quando os filhos são atacados, quando a esposa é estuprada e as filhas são forçadas à escravidão sexual. Enfrentam incertezas e temores quando são expulsos da própria família, perdem o emprego e são excluídos da comunidade por seguirem Jesus.

A fim de permanecer firmes enquanto enfrentam tamanho sofrimento, eles oram pedindo coragem, fé e perseverança. Apegam-se com tenacidade à Palavra de Deus, confiando no caráter amoroso e fiel do Senhor e na certeza do céu. Após perder tudo o que tem valor neste mundo, aprendem a confiar que Deus está no controle, não importa qual seja a circunstância.

À medida que nossos irmãos e irmãs perseguidos em Cristo trilham esse caminho, eles começam a enxergar suas circunstâncias pela perspectiva eterna de Deus. Tal perspectiva muda tudo. Ela os leva a se ver principalmente não como perseguidos, mas, sim, como agentes nas linhas de frente enquanto Deus realiza seus propósitos em meio à maldade e ao caos. Não concentram a atenção em seu caráter minoritário; antes, enfocam a maioria de pessoas que é possível alcançar para Cristo. Seus olhos estão abertos e conseguem perceber que nem o EI, nem outros extremistas islâmicos são capazes de subverter o plano eterno de Deus.

O mundo não é apenas uma grande bagunça caótica. Deus está operando de forma poderosa e estratégica. O próprio sofrimento de nossos irmãos e irmãs perseguidos desperta fome intensa pela verdade de Deus entre muitos muçulmanos moderados que expressam profunda mágoa, lamento e até ira por causa das atrocidades cometidas no Iraque. Alguns até dizem: "Já lemos o Alcorão e sabemos que o próprio Maomé cometeu tais atrocidades. Agora queremos aprender sobre o cristianismo — sobre Jesus e a Bíblia. Por favor, contem-nos mais".

Aproveitando a oportunidade, esses preciosos seguidores de Jesus proclamam com ousadia: "Eu sou n". Pagando o preço, permanecem firmes, compartilhando com fidelidade a mensagem da graça de Deus a um mundo que necessita desesperadamente dele. Como poderíamos deixá-los sozinhos, sofrendo em silêncio? Permitiremos que suas histórias aprofundem nosso compromisso com Cristo e a grande comissão? Diremos: "Conte comigo. Eu também sou n"?

A Voz dos Mártires

Parte I

SACRIFÍCIO

Disse ele à multidão: "Se alguém quer ser meu seguidor, negue a si mesmo, tome diariamente sua cruz e siga-me".
Lucas 9.23

A realidade de fazer sacrifício pessoal pela fé não é algo que a maioria dos cristãos do Ocidente é compelida a pensar com frequência. Em grande medida, temos uma vida confortável, fazemos planos para o futuro e corremos atrás de nossos sonhos e esperanças. Sim, fazemos sacrifícios ao longo do caminho, mas em geral eles dizem respeito a abrir mão de algo que queremos por outra coisa que desejamos ainda mais — trabalhar horas extras a fim de comprar aquela bicicleta nova, adiar a compra de um carro novo para fazer aquela viagem com que sempre sonhamos, ou adiar um chá com as amigas para assistir à partida de futebol do filho. Também sacrificamos parte do nosso tempo para ser voluntários e apoiar financeiramente nossas causas preferidas.

Mas o sacrifício nunca está distante do coração e da mente dos seguidores de Jesus que são perseguidos por extremistas islâmicos. Para eles, as consequências de obedecer a Cristo são claras. Os sacrifícios que fazem são esperados e bem definidos. Antes de escolher Jesus como Senhor e Salvador, conhecem o preço de ser seu discípulo. Sabem que, tão logo sua fé se tornar visível para os outros, a perseguição virá. Eles já a esperam e a aceitam. Entendem as palavras de Paulo em Romanos 12.1 como poucos de nós temos condições de fazer: "Portanto, irmãos, suplico-lhes que entreguem seu corpo a Deus, por causa de tudo que ele fez por vocês. Que seja um sacrifício vivo". E eles fazem esse sacrifício todos os dias.

Testemunham de Jesus em comunidades hostis, em vez de fugir para países mais seguros — e, muitas vezes, são presos, encarcerados, espancados, torturados ou mortos.

Preparam os filhos para ser perseguidos e até sofrer martírio como consequência de viver a fé em Jesus.

Enfrentam diariamente agressões ou até a expulsão da família muçulmana, antes tão protetora, pela qual fluem todas as oportunidades da vida: comida, abrigo, educação, casamento e trabalho.

Seus lares e bens são confiscados ou destruídos, levando-os a viver em campos de refugiados onde nada possuem para chamar de seu, nem promessa de alimento, abrigo ou segurança para o amanhã.

É difícil para nós compreender a profundidade do sacrifício para servir a Jesus fielmente quando nunca vivenciamos esse tipo de perseguição. No entanto, nossos irmãos e irmãs que seguem Jesus em países islâmicos proclamam, por meio de palavras e ações: "Vale a pena. Nós somos discípulos de Jesus. Continuaremos comprometidos com Deus e com seu reino a despeito dos sacrifícios exigidos. Somos chamados a fazer discípulos. Não importa o que aconteça, temos esperança porque Jesus prometeu nos preparar um lugar, onde estaremos com ele para sempre".

Enquanto você lê as histórias originais a seguir, que Deus lhe abra os olhos para enxergar o mundo no qual seus irmãos e irmãs escolheram ser "sacrifícios vivos" para Cristo. Que ele lhe abra o coração para amá-los e defendê-los.

1

O dia em que o EI chegou a Mosul

ABU FADI

Iraque

Em junho de 2014, o dia começou como qualquer outro em Mosul, Iraque: quente, poeirento e cheio de gente, comércio e trânsito. As pessoas se aglomeravam nos mercados da segunda maior cidade do país (660 mil habitantes). Os motoristas buzinavam em meio ao trânsito engarrafado. À medida que o dia passava, o barulho das conversas pelas ruas cresceu consideravelmente. Ao meio-dia, parecia uma cacofonia de melros conversando entre si.

Foi então que Abu Fadi, natural de Mosul, 65 anos na época, vivendo a poucos quilômetros da cidade, recebeu um telefonema que mudou tudo. Para alguns, essa ligação marcou o início do fim da vida que conheciam — e, em alguns casos, o fim da própria vida.

— Abu — disse em árabe um amigo —, o EI está chegando. Alguém de confiança nos contou. Vai ser hoje.

Durante semanas, corriam rumores de que os terroristas do autoproclamado Estado Islâmico estavam destruindo cidades em outras partes do Iraque e tomariam Mosul em seguida. Era lá que Sara e Dleen, mãe e irmã de Abu, ainda viviam. Por serem cristãs, corriam graves perigos. O EI odiava muitas pessoas no mundo, mas em especial os cristãos. O ultimato para os seguidores de Jesus? Converter-se ao islã, pagar um imposto absurdamente caro, ir embora ou morrer.

— Como é que podemos tirar minha mãe e irmã de lá? — perguntou Abu. As duas mulheres eram portadoras de necessidades especiais e usuárias de cadeiras de rodas.

— Não vai ser fácil — disse o amigo. — E, se Mosul cair, por quanto tempo sua cidade vai resistir? Devemos orar muito, Abu. Precisamos...

Cabum!

Um caminhão-tanque militar de água do EI, repleto de explosivos, detonou perto do Hotel Mosul, onde havia oficiais de segurança do governo. O amigo de Abu desligou o telefone. O caos tomou conta da cidade.

Veículos blindados percorriam as ruas. As tropas do EI começaram libertando o primeiro de cerca de mil prisioneiros. Trocas de tiro por toda parte. Certa mulher que havia planejado se casar naquele dia morreu ao ser atingida por uma bala.

Os combatentes do EI arrancaram a cruz da Catedral Siríaca Ortodoxa de Mar (que significa "santo" ou "mártir") Afram. Substituíram a cruz por alto-falantes proclamando que o islã, não Jesus, é o caminho.

O caos passou a reinar. As pessoas corriam com seus bens para dentro dos carros. Congestionamentos fechavam as estradas. Gritos de pânico ecoavam. Em meio a tudo isso, Abu recebia telefonemas esporádicos do amigo em Mosul, que, em determinado momento, contou: "O exército iraquiano está fugindo da cidade".

Ao longo das semanas seguintes, Abu conseguiu permissão de um juiz do EI para que sua mãe e irmã permanecessem em Mosul. Algumas semanas depois de tomar Mosul, o EI invadiu a cidade de Abu, como ele temia. Mais cristãos reuniram apressadamente seus pertences e fugiram, mas Abu e a esposa, Rukia, não podiam deixar Sara e Dleen em Mosul.

Durante dezesseis dias, o EI ocupou a região em que Abu vivia — dezesseis dias que, para ele, mais pareceram dezesseis anos.

— Por favor, venha me buscar, Abu — rogou sua mãe durante outra ligação telefônica de Mosul. — Aqui não está seguro. Você precisa...

A voz rude de um homem entrou na linha.

— Vou deixar bem claro — declarou o soldado do EI. — Se você não vier buscar essas duas cadelas infiéis, ou elas se converterão ao islã com armas apontadas na cabeça ou serão jogadas no olho da rua.

Abu não conseguiria pegar a mãe naquele dia porque precisaria ir na direção contrária à maré frenética de pessoas fugindo da cidade. As duas mulheres receberam permissão para passar a noite na casa de um vizinho muçulmano, mas o soldado do EI confiscou a casa, tirou uma lata de *spray* de uma bolsa e marcou a frente da casa delas com ن — o *n* árabe, representando "nazareno". *Cristãos moram aqui. Propriedade do Estado Islâmico.*

Sem a possibilidade de ir buscar a mãe e a irmã, Abu pediu a um amigo islâmico que levasse as mulheres até ele. Assim que chegaram, Abu e as mulheres podiam fugir de lá. A exemplo de outras quarenta mil pessoas que fugiram do expurgo em Mosul e região, entulharam o carro com os poucos bens que conseguiram reunir e foram para o leste em busca de relativa segurança na cidade de Erbil, a quase cem quilômetros de distância.

Logo Abu e sua família chegaram ao primeiro posto de controle. Carros envergados pelo peso dos passageiros e de seus pertences seguiam bem devagar em dezenas de filas. Gás de escapamento poluía o ar. Guardas do EI se encontravam de pé, com armas de fogo e espadas. Abu havia orado em relação a esse momento, pedindo coragem para defender suas crenças.

— Quem são vocês? — perguntou um guarda.

— Somos cristãos partindo de Mosul, pois não temos permissão para permanecer nesta terra islâmica — respondeu Abu.

O guarda, agora reforçado por outros, negou-se a deixar a família passar. Em vez disso, ligou para seus superiores. Trinta minutos depois, chegaram dois reluzentes carros utilitários.

Jovens ostentando armas de fogo novas e caras saíram dos veículos e começaram a bombardear a família com perguntas.

Abu respondeu com honestidade:

— Sim, somos cristãos.

— Partir não é mais uma opção para você e o restante de sua família infiel — afirmou o líder. — Converta-se ao islã ou prepare-se para morrer. É bem simples. Escolha fácil, não?

Abu suplicou ao homem que deixasse sua família seguir caminho. Citou as passagens do Alcorão que permitiam aos cristãos viverem se pagassem a *jizya* (imposto islâmico). Durante uma hora e meia agonizante, a discussão prosseguiu, como se uma bomba estivesse fazendo tique-taque, pronta para detonar a qualquer segundo. Enquanto conversavam, um combatente do EI, com uma espada na mão, cercou Abu, pronto para atingi-lo se tentasse fugir.

— Basta! — declarou o líder. Pegou Abu pelo braço e o levou enquanto sua esposa, mãe e irmã choravam, suplicavam e oravam. — Prepare-se para morrer — disse, fazendo Abu cair de joelhos. — É sua última chance. Vai se converter ao islã?

Abu olhou de volta para as três mulheres e então em direção ao céu. Orou pedindo força, sabedoria e coragem. Mesmo se sentindo fraco e esperando que a espada lhe traspassasse a qualquer momento, sentiu a paz de Deus lhe dando forças.

— Não, não serei muçulmano — falou. — *Não* renuncio a Jesus.

O homem levantou a espada. Abu curvou a cabeça, fechou os olhos e orou. Então ouviu outro veículo chegar e soltou o ar. Mais um carro utilitário preto. De lá, saiu outro oficial do EI, que perguntou sobre a situação e então caminhou até Abu.

— Tenho uma mensagem para você transmitir aos líderes de sua igreja enquanto deixa nossa terra — disse ele. — Nós somos vitoriosos. E perseguiremos vocês, cristãos, pelo mundo inteiro. Chegaremos até ao Vaticano e converteremos o papa ao islã, se for preciso.

Abu não sabia o que responder, mas lembrou-se de não falar nada desrespeitoso para os muçulmanos. "Apenas seja honesto", disse consigo.

— Não lhes desejamos mal nenhum — afirmou. — Só queremos professar nossa fé de acordo com nossas escolhas.

O oficial olhou para ele e cuspiu.

— Saiam daqui, seus cães! — falou enquanto ia embora.

No segundo ponto de controle, os soldados do EI detiveram a família mais uma vez. Ligaram para os oficiais do primeiro posto e receberam a instrução de procurar itens de valor no carro. Abu entregou tudo o que tinha. Quando um guarda encontrou dinheiro que a mulher de Abu havia escondido debaixo de um banco, ordenou à família que saísse do veículo.

Um dos guardas disse:

— Caso se convertam, tudo o que tomamos de vocês será devolvido. Aliás, vocês serão protegidos. Então, digam-nos que aceitam o islã.

— Sou cristão — replicou Abu.

Assim como antes, seguiu-se uma longa rodada de acusações verbais. Toda vez que o guarda do EI falava com Abu para se converter, ele respondia com educação e firmeza que era cristão e não podia fazê-lo.

Por fim, outro guarda, um supervisor, saiu da cabine e disparou perguntas na direção de Abu. "Este homem", pensou ele, "é diferente dos outros, quase como um ator que faz seu papel, mas, lá no fundo, não é o personagem."

— Então você deixou sua casa para trás e estaria disposto a pagar o imposto? — perguntou o supervisor.

Abu assentiu com a cabeça. Sim, o posto de controle anterior havia ficado com uma soma significativa que poderia ser usada para o imposto. E, sim, eles possuíam uma casa.

O supervisor instruiu o guarda interrogador a fazer um telefonema. Depois que ele partiu, o líder se voltou para Abu:

— Vá embora! Rápido!

Abu se sentiu como um peixe tirado do anzol pelo pescador depois de ser fisgado e ficar lutando pela vida. Fez um movimento de gratidão com a cabeça e voltou para o carro.

Ao chegar a Erbil, percebeu que a cidade já estava superlotada por refugiados de guerra sírios. Por causa do expurgo do EI no Iraque, a cidade crescia mais dia a dia. O que a maioria desses refugiados tinha em comum? Eram cristãos cuja vida lhes fora arrancada. Alunos prestes a se formar na Universidade de Mosul agora não tinham nenhum histórico escolar para mostrar nem mesmo que haviam um dia se matriculado. Jovens com data marcada para se casar não sabiam nem sequer onde estava o noivo ou a noiva. Adultos trabalhadores agora se encontravam desempregados.

Eles sacrificaram tudo. Deixaram para trás o lar, a vida que levavam e suas esperanças para o futuro. Em lugar disso, escolheram confiar em Deus e servi-lo aonde quer que ele os conduzisse.

As condições em Erbil eram miseráveis. Subia um mau cheiro nauseante do lixo e esgoto a céu aberto. As pessoas se acomodavam embaixo de barracões feitos de cobertores, toalhas ou materiais descartados — qualquer coisa que protegesse do sol implacável e do calor opressor. Procuravam desesperados água e comida.

Em meio a tudo isso, Abu montou uma barraca para a família.

— Agora — disse baixinho —, vamos agradecer a Deus pela viagem segura.

E inclinaram a cabeça para orar.

Assim como fizeram Abu e sua família, devemos nos lembrar de que o Deus a quem servimos se encontra conosco onde quer que estivermos. Devemos depositar nossa esperança nele, não em lugares nem em circunstâncias.

Deus se preocupa muito menos com o lugar onde moramos e bem mais com onde nosso coração se encontra. Ele se importa muito com onde está nossa confiança, com o que valorizamos e com o desejo de nosso coração de concentrar os olhos nele. Agrada-se quando estamos tão focados nele a ponto de podermos expressar nossa esperança e confiança como fez o autor de Hebreus: "[Eles] buscavam uma pátria superior, um lar celestial. Por isso Deus não se envergonha de ser chamado o Deus deles, pois lhes preparou uma cidade" (11.16).

2

A mãe atrás das grades

ASIA BIBI

Paquistão

Fazendo um intervalo do trabalho no campo debaixo do sol quente, Asia tomou um gole refrescante de água da mesma torneira que as mulheres muçulmanas. Foi então que a perseguição começou.

— Agora a água está contaminada, sua ladra infiel — alguém disparou. — Seu profeta nasceu sem pai.

— Nosso Cristo sacrificou a própria vida na cruz por nossos pecados — respondeu Asia. — O que seu profeta fez por vocês? Nosso Cristo está vivo, e o seu profeta já morreu. Cristo é o verdadeiro profeta de Deus, e o de vocês não é.

Essas discussões verbais que vinham ocorrendo nos últimos dias levaram as colegas de trabalho de Asia a denunciar suas palavras de "blasfêmia" aos líderes religiosos da vila, que a prenderam. Enquanto estava na cadeia, as autoridades disseram para Asia que ela podia ser solta: bastava converter-se ao islã. Mas ela recusou fazê-lo.

— Você podem até me matar, mas nunca deixarei Jesus — declarou.

Embora um grupo de cristãos tenha se levantado para defendê-la, Asia foi condenada por violar a subseção C da lei de blasfêmia número 295 do Paquistão (uma lei de blasfêmias contra o profeta Maomé) e sentenciada à morte. O caso de Asia chamou a atenção internacional para a abolição desse tipo de lei. Enquanto isso, anos depois que as autoridades paquistanesas retiraram Asia do campo e a encarceraram, Isha e Isham, suas duas filhas, esperam a mãe voltar para casa.

Dois anos depois do ocorrido, as meninas falaram sobre o fato de a mãe ter sido levada por causa de seu firme posicionamento por Jesus. Ainda perplexas, compartilharam como sentem saudades.

— A mamãe nos ama — disse Isham. — Ela nos levava ao bazar e eu a ajudava com os afazeres diários, limpando a casa ou outras coisas simples que sei fazer. Ela nos ajudava a ficar prontas para a escola antes de sair para trabalhar. E, às vezes, quando não tínhamos aula, íamos com ela para o campo depois que papai saía para seu emprego de pedreiro.

Após a prisão de Asia, seu marido, Ashiq, quase nunca levava as filhas consigo quando ia visitá-la. Mas, como o coração das garotas doía de tanta falta que sentiam da mãe, ele cedeu alguns meses depois.

— Ah, como minhas meninas estão crescendo! — disse Asia quando as viu.

As duas ansiavam por um abraço, mas não foi possível por causa das grades entre elas. Então Asia esticou os dedos por entre as grades a fim de sentir os dedos das garotinhas que dera à luz, por quem orava e para quem tinha os maiores sonhos.

— Vocês devem ir embora agora — um guarda ordenou a Ashiq.

Isham olhou para o segurança e então para a mãe.

— Volte logo para casa, mãe — disse ela.

A prisão de Asia não deteve a perseguição de sua família e daqueles que os apoiavam. Havia muçulmanos que atormentavam tanto Ashiq e as meninas que eles precisaram se mudar cinco vezes em dezessete meses. Certo imã (mestre muçulmano) de uma mesquita no noroeste do Paquistão chegou a promulgar uma fátua contra Asia, oferecendo uma recompensa de seis mil dólares para quem a matasse. A recompensa era um montante considerável para pessoas que viviam com poucos dólares por dia. Seus familiares se preocupavam de que algum guarda da prisão tentasse matá-la ou um funcionário da cozinha envenenasse sua refeição.

Dois políticos paquistaneses — o governador Salman Taseer e o ministro nacional das minorias Shahbaz Bhatti — fizeram declarações públicas em defesa de Asia. Bhatti gravou um vídeo dizendo que não seria detido por aqueles que "querem impor sua filosofia radical no Paquistão. [...] Creio em Jesus Cristo, que entregou a própria vida por nós. Conheço o significado da cruz. [...] E estou pronto a morrer por essa causa. Vivo por minha comunidade e pelos sofredores, e morrerei para defender seus direitos".

Pouco depois, foi exatamente isso que aconteceu com ele. E com Taseer também. Assassinos mataram os dois.

Os versículos preferidos de Bhatti eram Mateus 5.10-11: "Felizes os perseguidos por causa da justiça, pois o reino dos céus lhes pertence. Felizes são vocês quando, por minha causa, sofrerem zombaria e perseguição, e quando outros, mentindo, disserem todo tipo de maldade a seu respeito".

Por mais que tentemos nos apegar às coisas deste mundo, a vida fiel desses irmãos e irmãs em Cristo nos lembram de que os seguidores de Jesus não são daqui. No entanto, o fato de nosso destino final não ser este mundo não significa que não temos responsabilidades na terra. Deus continua a chamar seu povo para ser fiel neste planeta — para orar, conhecer sua Palavra e colocá-la em prática, ser sal e luz onde vive e amar uns aos outros.

Asia, Ashiq, Isha, Isham, a família de Shahbaz Bhatti, e tantos outros irmãos e irmãs em Cristo, estão sendo perseguidos, encarcerados e até sofrendo destinos piores pela causa de Cristo. Eles continuam a glorificar a Deus, sabendo e demonstrando ao mundo que nossa verdadeira esperança está no céu, na eternidade com Jesus. Eles sabem que Deus é fiel e sempre usa pessoas obedientes a ele a fim de promover o avanço de sua obra neste mundo, e isso inclui extrair o bem do meio de circunstâncias terríveis. Unidos à família global de seguidores de Jesus do mundo inteiro, apreciam nossas orações para que tenham força e disposição de sacrificar tudo por Cristo. Que encontrem coragem proveniente de seus irmãos e irmãs na fé.

3
Esperança do alto

HUSSEIN
Irã

Aos 17 anos, Hussein era um completo viciado em drogas, algemado à prisão de suas próprias escolhas. Ele ansiava por algo mais, muito embora não soubesse o quê. Mas descobriu o que era enquanto mudava de canal na televisão certo dia. Um programa específico se destacou. Transmitido por satélite bem acima do Irã, levou a mensagem do evangelho diretamente para o lar de Hussein.

Naquele dia, Hussein ouviu que Jesus havia morrido por seus pecados e desejava ter um relacionamento com ele. Começou a entender que a essência de Jesus é amor e compaixão, graça e esperança, não regras e regulamentos.

Essa mensagem de compaixão criou uma luta ferrenha dentro de Hussein. Uma parte dele se identificava com as declarações: "Sou traficante de drogas. Traficantes são pessoas ruins. Sem dúvida, sou mau também. Com certeza, Deus me odeia".

No entanto, o homem na televisão dizia o contrário: "Deus o ama exatamente do jeito que você é, não importa se é um embaixador internacional ou um viciado em drogas. Você é importante para Deus, e ele quer que você viva da forma mais plena possível para ele".

Essas palavras e a mensagem simples do evangelho penetraram no coração e na mente endurecidos de Hussein. Ele se entregou a Jesus naquele dia, e sua vida passou do desespero para a esperança, da perdição para a salvação, da morte para a vida. Seu desejo de consumir drogas foi embora. O amor pelas outras pessoas se tornou mais forte.

E, no Irã, tal mudança levou algumas pessoas a desejar matá-lo e acabar com sua esperança em Jesus. Seu pai, muçulmano, voltou-se contra ele e o delatou às autoridades, na expectativa de que o filho "apóstata" fosse preso. Na verdade, a reação do pai nem expressava todo o desprezo que sentia pela decisão de Hussein de seguir Jesus.

— Espero que decidam enforcá-lo [por apostasia] — disse o pai. — Se o fizerem, eu farei questão de colocar a corda em volta do seu pescoço.

De fato, ele foi preso. A fim de honrar o pai de Hussein pelo serviço militar durante a Guerra Irã-Iraque, o juiz decidiu não executar o rapaz. Em vez disso, enviou-o para uma prisão na qual os guardas tinham liberdade para fazer justiça da maneira que desejassem.

Hussein quis demonstrar sua crença em Jesus; eles quebraram uma de suas pernas.

Hussein quis louvar a Deus com hinos; quebraram todos os seus dedos.

Hussein quis se prostrar diante de Cristo em humildade; dilaceraram suas costas com quarenta chibatadas.

Então ele foi solto.

Foi expulso da escola de ensino médio, sem possibilidade de continuar estudando ou ir para a universidade. Todo o seu histórico escolar foi apagado, como se estivessem dizendo ao mundo: "Essa pessoa nunca existiu".

Mas, além de existir, Hussein tivera a fé testada durante aquele período de dolorosa perseguição, e isso o ensinara a viver mais decididamente para Deus do que antes de ser perseguido. Em vez de depender do apoio de relacionamentos humanos, Hussein depositou sua esperança maior em Deus, que, por intermédio de João, disse estas palavras: "Meus irmãos, não se surpreendam se o mundo os odiar" (1Jo 3.13).

Hussein, que simplesmente respondeu sim à mensagem de esperança transmitida em um canal de televisão, aprendeu rapidamente que Deus deseja que seu povo o tenha como sua mais elevada prioridade, sabendo que nosso amor por ele alimenta, por sua vez, o amor pelas outras pessoas.

Durante o período que Hussein passou na prisão, seu amor realmente cresceu. A cada sacrifício que lhe foi exigido — a perna, as mãos, as costas, o futuro —, Hussain continuou a honrar a Deus e contar aos outros sobre ele. Apesar de todo o sofrimento que enfrentou, escreveu para alguns cristãos: "Nenhum desses castigos me afligiu, exceto o fato de não poder mais tocar músicas para o Senhor".

Seu amor por Jesus e sua disposição para perdoar falaram com grande eloquência quando apresentou o evangelho ao guarda da prisão responsável por torturá-lo. Profundamente tocado, o soldado entregou seu cartão a Hussein e pediu ao adolescente que entrasse em contato com ele posteriormente, para que pudesse aprender mais. Que impacto podemos ter quando confiamos no auxílio de Deus e de seu Espírito para suportar os sacrifícios da fé e expressar amor compassivo e cristocêntrico por aqueles ao nosso redor!

4

Acima dos espancamentos familiares

NADIA E RACHEL
Paquistão

Quando Nadia, aos 11 anos, passou pela igreja da vizinhança, a admoestação dos pais deteve sua curiosidade. As palavras que ouviu balançavam um dedo de advertência em sua mente: "Nadia, você deve ignorar os infiéis e a igreja deles. É uma afronta à sua fé muçulmana".

Ainda assim, enquanto arrumava o lenço colorido em volta da cabeça e passava apressadamente pela igreja, o templo em si, a cruz em cima dele, as pessoas ali dentro e o Deus sobre quem os entreouviu falar despertaram seu interesse.

Pela caixa de som da igreja, escutou um homem dizer: "Jesus é o caminho, a verdade e a vida". Nadia não sabia o que essas palavras significavam, e no entanto elas a intrigaram. "Se Jesus é o caminho", ela se perguntou, "então por que eu sou muçulmana?" Tais palavras se transformaram em sementes espirituais lançadas no solo rico e profundo de sua alma, e elas dariam fruto.

Com o tempo, Nadia fez amizade com uma garota de sua idade, Rachel, que frequentava a igreja e morava na mesma vizinhança. Isso deu a Nadia a oportunidade de encher Rachel de perguntas e tirar todas as dúvidas que havia acumulado ao longo dos anos.

— Quem é esse Jesus de quem você fala?

— Ele é o Deus que se fez homem, o Criador de tudo.

— É o meu Criador também?

— Sim, o seu também — disse Rachel. — E o meu. E de todos. Ele nos ama e quer ter um relacionamento conosco.

— E o que ele *espera* de nós? — perguntou Nadia. — O que devemos fazer para entrar no seu reino? Que regras devemos seguir? Que rituais devemos realizar?

Rachel tocou a mão da amiga enquanto balançava levemente a cabeça.

— Não é assim. Ele não quer rituais ou regras. Deus deseja seu coração. Sua confiança. Com isso, você vai *querer* obedecer.

"Que Deus é esse?", Nadia se indagou.

Rachel deu uma Bíblia para a amiga, e Nadia começou a lê-la com discrição. Então a compreensão veio. Ele é um Deus de graça. De amor. De compaixão. Conhece até o número exato de fios de cabelo em sua cabeça e deixaria para trás noventa e nove ovelhas a fim de salvar uma só — quem sabe ela própria. Esse Deus era bem diferente daquele no qual fora educada para crer, e sentiu o desejo de fazer parte de seu reino.

Logo Nadia depositou em oração sua confiança em Cristo, segredo que partilhou apenas com Rachel. Mas Miled, seu irmão, a viu orando e depois indo à igreja, e se encheu de ira. Começou a espancá-la semanalmente.

Insistia para que ela negasse a Cristo.

Nadia se recusava.

Certa manhã, ele a seguiu no caminho para a igreja, aproximou-se dela, agarrou-a pela parte de trás do pescoço, levou-a para casa e a espancou até deixá-la toda roxa.

— Como você ousa entrar naquela igreja! — ele exclamou. — Você se esqueceu de que é muçulmana? Nunca mais coloque os pés naquele lugar!

— Eu deveria ter liberdade para ir à igreja — protestou Nadia.

Miled pegou uma tigela de madeira e arremessou na testa da irmã, cortando a pele acima do olho. Enquanto o sangue escorria, ele a empurrou para dentro do quarto da jovem e trancou a porta. O irmão a manteve ali por semanas, entrando apenas para lhe dar pequenas porções de comida e água, mas também muitas pancadas e ferimentos. Nenhum dos membros da família demonstrou qualquer objeção à brutalidade, nem fez coisa alguma para ajudá-la.

Finalmente, ela conseguiu fugir e encontrou refúgio na casa do pastor e de sua família. No entanto, como Nadia era ex-muçulmana, sua presença colocava os outros em risco. Temendo retaliação, logo pediram que ela encontrasse outro lugar para morar. Quando sentiu o desejo de ser batizada, três pastores se recusaram a realizar a cerimônia, pois temeram ser atacados ou que suas igrejas fossem incendiadas. Por fim, um pastor de uma cidade distante concordou em batizá-la. Nadia sentiu uma felicidade que nunca havia experimentado.

Deus a abençoou com um homem cristão, com quem ela posteriormente se casou. No entanto, quando seus pais souberam do casamento, registraram queixa contra o homem, acusando-o de sequestro. Alegaram que ele havia seduzido a filha para fora da fé islâmica. Miled encontrou o casal e espancou tanto o marido de Nadia que estourou o tímpano dele.

O casal precisou se esconder, e o marido de Nadia não conseguia achar emprego. Mas outros cristãos os apoiaram e o ajudaram a começar o próprio negócio, para que pudesse ganhar dinheiro de maneira discreta.

Espancamento. Ostracismo. Falsas acusações. Nadia e o marido têm feito sacrifícios e suportado maus-tratos a fim de se manterem firmes na fé em Cristo. Os missionários que ajudam esse casal ficam maravilhados com a coragem e gratidão que demonstram.

Durante um momento de oração com outra cristã, Nadia não mencionou as próprias necessidades. Disse apenas o seguinte: "Ó Jesus, Filho de Deus, tu me conheces muito bem. Salvaste a vida de meu esposo quando meu irmão o atacou e o espancou. Quanto passamos fome, tu nos deste comida e um lugar para morar. Jesus, confiamos que tu nunca nos deixarás. Amém".

Amém e amém! Sua esperança repousa na confiança de que Jesus nunca nos abandonará. Seu grande amor sacrificial nos inspira a tratar os outros como ele nos tratou. "Pois tive fome e vocês me deram de comer. Tive sede e me deram de beber. Era estrangeiro e me convidaram para a sua casa. Estava nu e me vestiram. Estava doente e cuidaram de mim. Estava na prisão e me visitaram. [...] E o Rei dirá: 'Eu lhes digo a verdade: quando fizeram isso ao menor destes meus irmãos, foi a mim que o fizeram'" (Mt 25.35-36,40).

Que privilégio nós temos de agradecer a Deus por cuidar de nós para que sejamos suas mãos e seus pés para os outros, quer morem na casa ao lado, quer em um país distante. Oremos pedindo orientação divina para que descubramos quais são as necessidades das pessoas e aprendamos a ser mais sensíveis ao direcionamento do Espírito Santo no cuidado de cada uma delas.

5

Amor a Cristo acima de tudo

MUSA

Somália

Na vila de Yonday, perto de Kismayo, na Somália, Musa Mohammed Yusuf desempenhava muitos papéis. Era marido de Helima, a quem amava desde que conseguia se lembrar. Era pai de três queridos filhos: Omar, 12 anos; Ali, 11; e Salat, 7. Musa era seguidor de Jesus e também líder de uma igreja no lar, servindo a seus membros honradamente por anos. Acima de tudo, Deus o havia chamado para compartilhar a verdade de Jesus em um país na costa leste da África, onde as pessoas se opõem ferrenhamente a essa verdade.

Todo papel que exercemos na vida cobra um preço, e alguns cobram um preço mais alto que os outros. Musa descobriu essa verdade dolorosa em julho de 2009.

Todos os dias, enquanto caminhava entre os habitantes da vila, Musa iniciava diálogos tranquilos aqui e acolá, esperando ter a oportunidade de falar sobre Jesus. Havia uma mulher que sempre ouvia com atenção. Ela nunca se aproximava muito; preferia ficar no canto de algum grupo de pessoas. A maior parte de seu rosto era coberta, mas estava claro que seus ouvidos assimilavam cada palavra que Musa dizia.

Assim como a maioria das mulheres somalis, ela fora tatuada com *henna* quando ainda era pequena. Seus braços e parte do rosto eram cobertos com figuras e desenhos engenhosos. Musa sabia que ela era casada com um líder do alto escalão do al-Shabab, grupo islâmico extremista do país.

— Peço a Deus que me dê a oportunidade de levá-la a Cristo — disse ele a seu amigo Ahmed.

Ahmed mordeu os lábios e balançou a cabeça.

— Musa, você é meu amigo e eu o admiro por amar a Deus dessa maneira e por anunciar sua fé com tanta liberdade. Mas você está brincando com fogo. Você sabe com quem ela é casada.

— Sim, eu sei — respondeu Musa. — Mas sei também que a Palavra de Deus nos manda pregar o evangelho a todas as nações, inclusive à nossa. Não vejo nenhuma exceção ali.

— Só que você pode se colocar em uma situação de risco — disse Ahmed. — Pode colocar sua família em perigo.

— Se ninguém ousar falar de Cristo com ela, então a vida dela, no que diz respeito à eternidade, corre perigo ainda maior — argumentou Musa. — Não somos responsáveis pelos resultados, Ahmed, mas temos a responsabilidade de partilhar.

— Mesmo que isso o leve à morte?

Musa fez uma pausa.

— Sim, mesmo que me leve à morte.

— Mas sua família...

Musa fez sinal de pare com a mão.

— Ahmed, Deus é maior que minha família. Eu amo minha esposa. Amo meus filhos. Mas a Bíblia nos ensina a amar a Cristo acima de tudo.

Naquela noite, Musa e a esposa oraram por aquela muçulmana. No dia seguinte, quando ele começou suas conversas no mercado, a mulher se aproximou. Musa a cumprimentou e então disse:

— Eu a vejo aqui todos os dias. Seus olhos se mostram desejosos por conhecer o Deus de quem falo. Seus ouvidos estão atentos.

Ela fez que sim com a cabeça.

— Tenho um presente para você — disse ele, olhando de um lado para o outro.

Os olhos dela se arregalaram. Ela olhou para baixo e o viu tirar um pequeno livro preto da bolsa. Era uma Bíblia.

Ela também olhou furtivamente para a esquerda e para a direita.

— Obrigada — sussurrou, aceitando o presente. — Muito obrigada.

Então foi embora depressa.

Uma semana depois, ela contou a Musa que havia aceitado o Cristo da Bíblia em seu coração.

— Estou comprometida a segui-lo — declarou —, não a Alá.

Musa ficou radiante, não por orgulho próprio, mas em gratidão a Deus. Na semana seguinte, porém, a mulher não apareceu. Nem na outra. Musa ficou preocupado.

Por fim, ela surgiu, mas, dessa vez, com a cabeça curvada, os olhos tímidos e o lado direito do rosto roxo de pancadas. Seu esposo havia notado uma mudança nela e perguntou qual era o motivo. Ela contou sobre sua conversão a Cristo, e ele a espancou.

Alguns dias depois, um grupo de muçulmanos — comparsas do marido — apareceram na casa de Musa e começaram a gritar com ele por ter "convertido" a mulher. Exigiram que Musa lhes dissesse onde podiam encontrar o líder cristão influente chamado Mberwa. Musa nunca havia ouvido falar nele.

— Vamos lhe dar dois dias de prazo — disse o líder militante. — Mberwa precisa estar aqui quando voltarmos, se não...

Quando os homens foram embora, a esposa de Musa insistiu para que ele fosse embora da Somália. Relutante, viajou até um campo de refugiados no Quênia. Dois dias depois, enquanto Helima preparava o almoço para comer com os filhos, os criminosos chegaram à casa de Musa. Ao ficarem sabendo que ele havia ido embora, dois homens agarraram Omar e Ali, amarraram os pés dos garotos e colocaram vendas neles. De algum modo, Helima e Salat fugiram e conseguiram encontrar

Musa no Quênia. Mas os dois filhos mais velhos pagaram o preço por aquilo que seus assassinos chamaram de "pecados de seu pai". Foram decapitados.

No mesmo mês, outros oito cristãos morreram na Somália como mártires por sua fé. Um mês depois, em agosto, um rapaz de 14 anos que havia se convertido do islamismo ao cristianismo morreu fuzilado. Em setembro, uma mulher foi executada por ter seis Bíblias.

Em um mundo no qual a maioria das pessoas prefere não sair da zona de conforto a fim de evitar o sofrimento, muitos de nossos irmãos e irmãs cristãos devotos sofrem atrocidades e morrem em sacrifício por amarem a Cristo acima de todas as coisas. Assim como Musa e sua família, levam a sério as palavras de Paulo: "Pois vocês receberam o privilégio não apenas de crer em Cristo, mas também de sofrer por ele" (Fp 1.29).

Os seguidores de Jesus em comunidades e países hostis ao cristianismo compreendem que o sofrimento em nome de Cristo faz parte da vida cristã. Escolhem voluntariamente a Cristo acima de tudo. Permanecem fiéis sem temor e em atitude de sacrifício ao Deus a quem servem.

Não temos como prever como as pessoas reagirão àquilo que dissermos ou fizermos. Não sabemos quais serão as consequências. Mas, se nos recusarmos a viver por Cristo acima de todas as outras coisas, soltaremos a mão de Deus e entregaremos o controle ao inimigo.

Que privilégio temos de nos posicionar junto com esses irmãos e irmãs que vivem a fé na prática. São exemplos vivos para nós do poder infinito do Senhor. Demonstram confiança extraordinária no Deus que é fiel àqueles que o servem.

Que sejamos fiéis em orar pedindo coragem, direcionamento e sabedoria. E oremos também pelos seguidores perseguidos de Jesus, que tanto podem nos ensinar sobre viver em sacrifício por Deus.

6

Depois da bomba, os anjos

KHALIDA

Paquistão

Em uma manhã de setembro, Khalida Marriam, grávida de oito meses de um menino, foi à Igreja de Todos os Santos na parte velha de Peshawar, Paquistão. Como de costume, deixou os sapatos à porta e entrou para participar do culto junto com os demais adoradores. Ninguém que estava sentado com ela seria capaz de prever ou mesmo imaginar os atos de violência que logo mudariam a vida de Khalida e de tantos outros seguidores de Jesus.

Enquanto o grande grupo de adoradores saía do templo, muitos encontraram seus sapatos e foram para o pátio participar da refeição coletiva. Ali, dois homens-bombas se suicidaram, detonando explosivos suficientes para matar mais de uma centena de pessoas. Outras 150 ficaram feridas. Membros amputados e roupas ensanguentadas tomaram conta do cenário.

Foi o ataque a cristãos paquistaneses mais mortal de que se tem conhecimento na história. Naquela noite, muitos dos principais jornais do mundo noticiaram a tragédia, bem como canais de televisão, *websites* e *blogs*. No dia seguinte, porém, jornalistas e blogueiros já haviam passado para outras notícias.

Khalida nunca se esquecerá desse dia. Um rolamento de esferas — estilhaço de uma das bombas — abriu seu abdômen, matando instantaneamente o bebê que carregava ainda na barriga. Ela também quebrou o braço esquerdo e sofreu fraturas múltiplas nas duas pernas.

No hospital, o médico fez uma cesariana para retirar o filho de Khalida, que nem sequer chegou a dar o primeiro fôlego.

O médico cuidou do braço de Khalida e colocou hastes em sua perna para ajudar a curá-la. No entanto, o tratamento foi de má qualidade. Duas semanas após o bombardeio, as hastes começaram a enferrujar, colocando a vida de Khalida em risco.

Enquanto ela derramava lágrimas de dor e frustração no hospital, cristãos entraram em ação no momento oportuno e ofereceram auxílio financeiro para transferi-la a uma instituição médica melhor. Ao descobrir por que eles estavam ali, Khalida chorou de alegria.

"Quando Deus me curar e eu sair do hospital", disse ela, "o primeiro lugar para onde irei será a igreja, a fim de agradecer ao Senhor."

Acompanhada do esposo e da mãe, Khalida se prostrou em oração com aqueles cristãos tão prestativos. Depois de ser transferida para o outro hospital, sua mãe disse: "Sempre ouvi dizer que os anjos estão no céu, mas eu vejo anjos bem diante de mim. Nunca nem pensamos em vir a esse tipo de hospital tão caro".

Quando soube que milhares de irmãos e irmãs dos Estados Unidos estavam orando por ela, Khalida disse: "Todos eles são santos. São todos anjos".

Alguns podem argumentar que Khalida e os outros que congregam naquela igreja são os verdadeiros santos, os verdadeiros anjos. Afinal, adoram a Deus com toda coragem em um país no qual muitas pessoas se opõem ferrenhamente à fé em Jesus. Colocam a vida em risco, em atitude de sacrifício, a fim de servir ao único Deus verdadeiro.

Mesmo depois de um ataque tão terrível, sobreviventes como Khalida continuam a confiar em Deus de todo o coração. Continuam a depositar nele sua esperança. Continuam a louvá-lo. Continuam a agradecer aos membros do corpo de Cristo que os ajudam.

"Oramos diariamente ao Senhor", disse Khalida, referindo-se à mãe, ao marido e às filhas. "Lemos a Bíblia todas as noites e oramos ao Senhor para que me cure e abençoe aqueles que estão me ajudando."

De fato, os seguidores de Jesus do mundo inteiro são abençoados por conhecer pessoas como Khalida. Para nós, eles não são "notícias ultrapassadas". Estão em nossa mente, em nosso coração e em nossas orações dia e noite, porque são nossos irmãos e irmãs, pais e mães na família global de Deus.

Paulo nos lembra de que, por sermos um corpo, devemos participar das alegrias e tristezas uns dos outros: "Se uma parte sofre, todas as outras sofrem com ela, e se uma parte é honrada, todas as outras com ela se alegram" (1Co 12.26). Isso é verdade onde quer que moremos, quaisquer que sejam nossas circunstâncias e necessidades na vida.

Se a igreja de Deus realmente é uma família mundial, então é claro que sofremos quando outro seguidor de Jesus está sofrendo — quer essa pessoa more dentro de nosso lar, quer em um fuso horário muito distante. É claro que desejamos estender a mão em auxílio quando outro seguidor de Jesus está passando necessidades. É claro que queremos orar por essa pessoa assim como oramos por quem está à nossa frente em nosso grupo de estudo bíblico. E é claro que nos alegramos quando vemos o poder maravilhoso de Deus operando na vida dessa pessoa.

Ore pedindo que Deus continue a usar a perseguição mundial aos cristãos para nos unir como os fios de uma peça única de tapeçaria, em unidade cheia do Espírito, para que experimentemos verdadeiramente o que significa ser membros de um só corpo e co-herdeiros da família de Deus.

7

"Louco" por Cristo

KAZIM

Paquistão

Após ser forçado a cortar lenha do início ao fim do dia por oito dias consecutivos, Kazim mal reconhecia o machado. Antes branco acinzentado, naquele momento o cabo estava vermelho por causa do sangue que escorria de suas mãos.

— Agora você vai renunciar a esse amor por Cristo? — perguntou Mohammed Shafiq, um ancião da vila. — Agora vai cair em si?

Kazim estava encurvado, exausto, pensando na esposa, Yasmeen. Suor pingava da ponta de seu nariz. Suas roupas fediam. Ele balançou a cabeça e exclamou:

— Não! Nunca!

— Você é louco — disse Shafiq, levantando seu bastão bem alto, como se também fosse cortar lenha. Seu rosto refletia um misto de satisfação e frustração. Com uma pancada em alto som, acertou o bastão com toda força nas costas de Kazim, já cheias de bolhas.

— Ahhh! — gritou ele, retorcendo o rosto e tentando reunir forças para resistir a mais um golpe.

— Deixe de preguiça! — disse o ancião. — Precisamos de mais madeira.

Então chutou Kazim, lançando-o ao chão.

Antes do início da perseguição, Kazim trabalhava no campo durante o dia e evangelizava à noite. Certa vez, após trabalhar por doze horas como de costume, voltou para casa de bicicleta a fim de jantar rapidamente um prato de arroz com pão *chapati*, junto com a esposa.

— Você está ficando pele e osso — disse ela. — Ninguém dá conta de fazer tudo!

Ele fitou aquela mulher cujo sorriso ainda fazia seu coração derreter.

— Quanto mais depressa eu espalhar a Palavra de Deus, mais rápido volto para ficar com você — respondeu e brincou, pegando seu xale e puxando-a para perto de si.

Em outra dia, enquanto Kazim ia ao mercado de bicicleta, Shafiq o forçou a parar.

— Sabemos que você ora em nome de Jesus. Nosso profeta Maomé é o verdadeiro. Seu profeta é mentiroso.

— Jesus Cristo é o Deus vivo e verdadeiro — respondeu Kazim. — Eu o adoro e prego sua mensagem às pessoas.

— É mesmo? — perguntou o ancião, apertando os olhos. Balançando ligeiramente a cabeça em tom de ameaça e zombaria, continuou: — Bem, vamos ver o que as outras pessoas acham dessa sua história de adorar e pregar essa porcaria de Jesus.

Shafiq se voltou à multidão que ia de um vendedor para o outro.

— Vocês ouviram isso, amigos? — gritou mais alto que o burburinho. — Este homem, este sujeito mais vil que uma cobra, se gaba de se prostrar perante Jesus e exulta por falar aos outros sobre esse falso Deus.

Como abelhas zangadas, as pessoas agarraram Kazim e, junto com Shafiq, o arrastaram para longe. Foi então que o forçaram a cortar lenha até renunciar sua fé em Cristo. Ao perceberem que ele não o faria, deixaram que ele fosse embora.

Certa noite, porém, enquanto Kazim se arrumava para seu trabalho noturno de evangelismo, Shafiq e outros cinco muçulmanos militantes o confrontaram mais uma vez. Kazim pediu a seu sobrinho Rachid, 7 anos, que se aproximasse dele. Voltou-se para o garoto e sussurrou:

— Hoje eles vão me matar. Por favor, leve minha Bíblia e guarde-a com você.

Então empurrou gentilmente o menino para longe, como se o sobrinho fosse um barquinho que Kazim estava mandando para o oceano.

Quando Kazim se virou, Shafiq exibiu uma pistola semiautomática e ansiosamente colocou o dedo no gatilho. Em seguida, apontou a arma na cabeça de Kazim.

— Hoje eu o mato se você não aceitar que Maomé é o único profeta verdadeiro.

Kazim olhou bem dentro dos olhos dele.

— Não posso fazer isso. Se quiser atirar em mim, fique à vontade. Aceito a morte com alegria. Mas lembre-se: caso não seja da vontade de Deus, você não conseguirá me matar.

Shafiq continuou com a pistola apontada para a cabeça de Kazim por alguns minutos. Então sua mão começou a tremer. Pegou o celular e denunciou à polícia que Kazim havia tentado roubá-lo.

Quando Kazim chegou à delegacia, os oficiais começaram uma nova rodada de torturas que durou treze dias.

Amarraram suas mãos atrás das costas.

Espancaram a sola de seus pés.

Arrancaram sua barba e um oficial disse:

— O profeta Maomé tinha barba, e você ousa comparar nosso profeta a Jesus!

Arrastaram-no pelo chão sujo. Zombaram dele. Cuspiram nele.

Por vezes, tiravam suas roupas e davam chibatadas em suas costas e nádegas com um chicote de couro.

— Tudo isso pode parar se você aceitar o islã — certo homem falou.

— Não.

O oficial lhe deu um tapa no rosto, e Kazim fez que não com a cabeça.

Por fim, os policiais registraram contra ele a falsa acusação de roubo e o mandaram para a cadeia. A dor se espalhava pelos ombros e pelas costas. Fraco e exausto demais até para falar, Kazim ainda assim sentia uma paz que mal conseguia compreender, sobretudo quando segurou uma Bíblia despedaçada que outro prisioneiro lhe entregou. Sua única frustração? Os olhos estavam inchados demais para ler aquela Bíblia. Então o preso que lhe emprestara lia a Palavra para ele todos os dias.

Quatro meses depois de ir para a cadeia, Kazim foi solto sob fiança. Quando voltou para casa, Yasmeen não estava lá. Shafiq, seu torturador, havia se mudado e estava usando os bens de Kazim, alegando que o gado era dele e se deleitando por ser "dono" da nova propriedade.

— Se você não for embora agora, eu mato você e sua esposa, assim que a encontrar.

Com apenas dois dólares para sobreviver, Kazim encontrou Yasmeen na vila. Eles fugiram, deixando tudo para trás. Pararam na casa de vários amigos pedindo ajuda, mas eles negaram, temendo tornar-se também alvos de perseguição.

Kazim e Yasmeen fugiram para outra vila, na qual um cristão permitiu que ficassem em uma pequena construção que possuía. Também lhes arranjou roupas, comida e uma Bíblia. Posteriormente, Kazim disse: "Eu sabia que Deus nos providenciaria auxílio, mas não fazia ideia de como ele o faria. Eu tinha uma bênção comigo: a liberdade de pregar a Palavra". Outros cristãos que tomaram conhecimento de sua condição intervieram e compraram um riquixá para Kazim sustentar a família como taxista.

Talvez alguns pensem que Kazim seja louco. Talvez as cicatrizes em suas costas nunca desapareçam. Talvez nunca consiga sua casa de volta. Talvez tenha pesadelos sobre os espancamentos para o resto da vida.

Mas Kazim é o tipo de louco sobre quem Paulo escreveu: "Nossa dedicação a Cristo nos faz parecer loucos, mas vocês afirmam ser sábios em Cristo. Nós somos fracos, mas vocês são fortes. Vocês são respeitados, mas nós somos ridicularizados. Até agora passamos fome e sede, e não temos roupa necessária para nos manter aquecidos. Somos espancados e não temos casa. Trabalhamos arduamente com as próprias mãos para obter sustento. Abençoamos quem nos amaldiçoa. Somos pacientes com quem nos maltrata. Respondemos com bondade quando falam mal de nós. E, no entanto, até o momento, temos sido tratados como a escória do mundo, como o lixo de todos" (1Co 4.10-13).

Quantidade nenhuma de humilhação terrena ou de sacrifício pessoal é capaz de tirar a vida de Jesus de alguém cujos olhos estão fixados nele. Podemos ser fracos por nós mesmos, porém nele somos fortes. Recentemente, Kazim disse: "Esquecemos todas as nossas preocupações e hoje mesmo continuamos a nos sentir revigorados na fé em Jesus. Começo todos os dias em oração e então vou dirigir meu riquixá".

Que cada um de nós prossiga com a mesma fé, a despeito do que cruzar nosso caminho.

MÁRTIRES NA HISTÓRIA

DIETRICH BONHOEFFER

1906–1945

Alemanha

O Filho de Deus assumiu nossa carne e, por esse motivo, suportou a cruz. Ele carregou todos os nossos pecados e, ao fazê-lo, possibilitou a reconciliação. De igual modo, seus discípulos são chamados a suportar.

Dietrich Bonhoeffer, *Meditações sobre a cruz*

No dia 9 de abril de 1945, menos de uma semana antes de as tropas aliadas libertarem o campo de extermínio de Flossenbürg, os nazistas enforcaram Dietrich Bonhoeffer, pastor luterano que se opôs a eles durante as décadas de 1930 e 1940.

Bonhoeffer cresceu em uma família de classe média e era um estudante de destaque. Formou-se pela Universidade de Berlim e depois estudou por um ano no Seminário Teológico Union, em Nova York. Foi professor de escola dominical e de estudos bíblicos nos guetos do Harlem. Ali vivenciou os horrores do ódio racial. Aos 25 anos, já lecionava teologia sistemática na Universidade de Berlim.

Quando Hitler subiu ao poder em 1933, Bonhoeffer se levantou como principal porta-voz da Igreja Confessante, o centro da resistência protestante aos nazistas. Em resposta às leis antissemitas promulgadas naquela primavera, Bonhoeffer afirmou em um sermão que a igreja deve se opor ao Estado quando este faz julgamentos biblicamente errados. Se um motorista louco estivesse dirigindo de maneira imprudente e ferindo pessoas, argumentava ele, não bastaria apenas ajudar os feridos;

outros indivíduos precisariam fazer o que fosse possível para deter o carro. Na época, um número crescente de cristãos apoiava o movimento nacional-socialista de Hitler, e a maior parte da congregação de Bonhoeffer saiu do culto contrariada.

Depois que a igreja protestante da Alemanha votou para apoiar Hitler, Bonhoeffer ajudou a fundar um grupo luterano separatista chamado Jovens Reformadores. Eles se comprometeram a ser fiéis à Palavra de Deus e a resistir às leis arianas antissemitas. Mais tarde, Bonhoeffer se tornou o maior porta-voz da Igreja Confessante. Sua obra *Vida em comunhão* descreve a vida da comunidade cristã daquele seminário.

Discipulado, o livro mais conhecido de Bonhoeffer, ataca a "graça barata", definida por ele como uma desculpa para a lassidão moral. Em sua visão, fazer sacrifícios é algo necessário na vida cristã: "Ser expulso, desprezado e abandonado pelas pessoas [...] é uma característica essencial do sofrimento da cruz; no entanto, este já não é um sofrimento compreensível para uma forma de vida cristã incapaz de distinguir existência burguesa e existência cristã".

Bonhoeffer afirmou que sofrer diz respeito a cortar os laços com o mundo. Logo, não deve ser encarado como algo pelo qual os cristãos devem passar com uma sensação de piedade, morbidez ou queixa. Sacrifício, sim. Mas sem pena acrescentada a ele.

"A cruz não é o fim terrível de uma vida piedosa e feliz, mas, sim, o início da comunhão com Jesus Cristo", escreveu. "Andar sob a cruz não significa miséria e desespero, mas, sim, refrigério e paz para a alma; é a mais elevada alegria."

Bonhoeffer foi apreendido em 1943 e preso em Berlim. Embora a princípio sua vida tenha sido poupada graças à intervenção de um parente que ocupava um alto cargo no governo, esse mesmo parente se viu acusado de conspirar contra o regime nazista. Em 8 de abril de 1945, Bonhoeffer havia acabado de realizar um culto na prisão de Schoenberg quando dois soldados entraram. Um deles ordenou: “Prisioneiro Bonhoeffer, arrume-se e venha conosco”.

Ao partir, Bonhoeffer se voltou para os companheiros de cárcere. Refletindo a alegria do sofrimento em comunhão com Jesus, disse: “Este é o fim, mas, para mim, é o começo da vida”.

Parte II

CORAGEM

Estejam atentos! Tomem cuidado com seu grande inimigo, o diabo, que anda como um leão rugindo à sua volta, à procura de alguém para devorar. Permaneçam firmes contra ele e sejam fortes na fé. Lembrem-se de que seus irmãos em Cristo em todo o mundo estão passando pelos mesmos sofrimentos Deus, em toda a sua graça, os chamou para participarem de sua glória eterna por meio de Cristo Jesus. Assim, depois que tiverem sofrido por um pouco de tempo, ele os restaurará, os sustentará e os fortalecerá, e os colocará sobre um firme alicerce.

1Pedro 5.8-10

Quando vivemos em meio a pessoas contrárias ou abertamente hostis ao evangelho, é difícil — às vezes amedrontador — permanecer firme e viver nossa identificação como seguidores de Jesus. Mas, desde os mais remotos tempos bíblicos, Deus chama as pessoas para servi-lo enquanto enfrentam circunstâncias desafiadoras. Ele conhece as ameaças e os perigos que se encontram à frente e tem uma mensagem para aqueles que se dispõem a servi-lo com fidelidade.

Depois que Moisés morreu, Josué enfrentou uma batalha cada vez mais difícil na liderança dos antigos israelitas, para que combatessem e possuíssem a terra prometida. Deus lhes disse: "Esta é minha ordem: Seja forte e corajoso! Não tenha medo nem desanime, pois o SENHOR, seu Deus, estará com você por onde você andar" (Js 1.9).

Davi, que enfrentou muitos desafios assustadores e os superou com grandes dificuldades, compartilhou esta mensagem fortalecedora de Deus: "Espere pelo SENHOR e seja valente e corajoso; sim, espere pelo SENHOR" (Sl 27.14).

Ter coragem e prosseguir em obediência apesar dos perigos evidentes não é algo que se baseia em emoções humanas, em se "deixar levar" pelo desafio. A coragem para defender Jesus não provém de calcular os riscos e equilibrar estrategicamente os benefícios e as perdas. Ela provém de conhecer os riscos e ir em frente assim mesmo. Se queremos nos posicionar firmemente em defesa de Cristo, não podemos permitir que o medo paralise nosso coração e nos faça desobedecer.

A coragem humana não basta para o seguidor de Jesus que compartilha o evangelho em uma região controlada por militantes islâmicos. A coragem humana é insuficiente para motivar um pastor e sua esposa a permanecerem em territórios controlados pelo EI, onde realizam estudos clandestinos da Bíblia a fim de ajudar cristãos recém-convertidos a crescer em compreensão e compromisso com Jesus. Em contraste com a coragem que reunimos com as próprias forças, a coragem para enfrentar perseguição pela fé se baseia no reconhecimento de que Deus está em ação em nós e por meio de nós para efetuar sua vontade, até mesmo em meio ao caos violento e ameaçador.

Tal coragem é alimentada pela confiança no poder e na força de Deus para se levantar contra obstáculos intransponíveis. Ela tira sua confiança do exemplo e da promessa de Jesus: "Quando forem presos, não se preocupem com o modo como responderão nem com o que dirão. Naquele momento, as palavras certas lhes serão concedidas. [...] Quem se recusa a tomar sua cruz e me seguir não é digno de mim" (Mt 10.19,38).

Tal coragem só amadurece mediante o compromisso constante de visualizar as circunstâncias à luz da perspectiva eterna de Deus e de confiar somente nele a fim de ter forças para perseverar. Tal coragem leva a ações ousadas, sejam quais forem os riscos.

Em um mundo no qual até mesmo pequenos atos que sugerem lealdade a Jesus — pedir uma Bíblia a visitantes estrangeiros, não observar o chamado islâmico para oração, fazer perguntas a um seguidor público de Jesus — podem desencadear atos terríveis de revide, a coragem enraizada no poder e na fidelidade de Deus é essencial.

As histórias a seguir mostram a coragem aflorada pelo poder do Espírito em atuação na vida daqueles que levam a marca "Eu sou n" e confiam com gratidão que Deus proverá para eles a cada momento.

8

A teologia da dor

NAASIR E HODA

Egito

Uma nuvem baixa de poluição pairava sobre a vasta cidade do Cairo, piorada pela fumaça de cigarros e o gás do escapamento dos carros. Em meio aos ruídos, ouvia-se o barulho de buzinas. Mascates insistentes abordavam turistas que ali estavam para visitar tumbas antigas, mesquitas ornamentadas e, é claro, as pirâmides de Gizé, que se elevam em toda sua majestade à extremidade oeste da cidade. Mas Naasir e Hoda, o jovem casal que caminhava em direção a um complexo habitacional, não estavam ali para fazer turismo. Em vez de se concentrar nas atrações, os dois estavam focados em enfim encontrar um lugar para viver em um prédio decadente.

Enquanto passavam por um grupo de homens, um deles cuspiu nos pés de Hoda, murmurando alguma coisa sobre o fato de sua cabeça não estar coberta. Hoda entendeu o motivo do insulto. A maioria das mulheres muçulmanas cobre a cabeça, ao passo que a maioria das cristãs não o faz.

A dona do imóvel, uma senhora de idade, recebeu o casal de trinta e poucos anos junto com o filho de 9 anos, mas lançou um olhar cético para Hoda. Mesmo assim, mostrou-lhes o apartamento, explicou o preço e os termos do contrato. Então fez algumas perguntas sobre o histórico de aluguéis, renda e outros detalhes.

— E então? — perguntou Naasir. — Podemos alugar?

A mulher parecia meio em dúvida, como se algo a estivesse incomodando. Lançou um olhar rápido para Hoda e depois o desviou.

— Sim — disse ela, com alguma relutância. — Podem ficar se quiserem.

— Obrigado! Muito obrigado — disse Naasir.

— Somos gratos à senhora — acrescentou Hoda.

Encontrar um lugar para viver estava sendo difícil para eles. Por doze vezes, donos de imóveis haviam expulsado o casal de seus apartamentos após ficarem sabendo que eram cristãos. No entanto, Naasie e Hoda permaneciam firmes no compromisso de ser honestos caso alguém perguntasse se eram muçulmanos. No passado, haviam seguido o islã, porém não mais.

O alívio, contudo, durou pouco. Enquanto estavam de saída, apareceu o marido da dona do imóvel. Ele olhou diretamente para Hoda e então para a esposa. Em seguida, falou:

— Você contou para eles que o apartamento já está reservado para outra pessoa, certo?

— Eu disse que podem morar aqui — respondeu a senhora.

— O quê? — perguntou, espantado, e então se voltou para Hoda. — Onde está seu *hijab*?

Hoda olhou para Naasir e disse:

— Eu sou... cristã.

— Então não vão ficar no apartamento! — declarou o homem.

— Eu percebi que ela estava sem cobertura — disse a esposa —, mas precisamos do dinheiro. O lugar está vazio há seis meses.

— E nós fizemos um acordo — disse Naasir esperançoso.

— Vocês não fizeram nada! — falou o homem. — Nada além de desrespeitar o islã. Saiam. Agora!

— Isso não é justo — disse Naasir. — Só porque não concordamos...

— Saiam! — repetiu o homem. — Há milhões de pessoas no Cairo e milhares de juízes. Nenhum ficará do lado de vocês.

— Venha — disse Hoda. — Precisamos ir embora.

Nas últimas décadas no Egito, a temperatura da "fornalha de ferro" tem subido ainda mais para os seguidores de Jesus. A teologia radical islâmica fincou raízes profundas na sociedade. Extremistas muçulmanos se infiltraram em departamentos do governo. A constituição do país agora afirma que a lei (islâmica) da Xaria deve ser a base de toda e qualquer legislação. Aumentaram os ataques aos cristãos ortodoxos coptas, cujos antepassados aceitaram o cristianismo ainda nos primeiros séculos. Mas aqueles que se convertem do islã são os que mais sofrem, como Naasir e Hoda. E no entanto, apesar de tamanha discriminação, continuam a se apegar corajosamente à sua fé.

Hoda se entregou a Cristo na juventude. Quando sua família tomou conhecimento da conversão, sua mãe a trancou em seu quarto. Não por um dia. Não por uma semana. Por dois anos!

Não tinha permissão para conversar, nem comer com seus irmãos e irmãs por ser uma "infiel". Sua única conexão com o mundo exterior e sua fé se dava por meio do rádio. Embora seus pais pensassem que ela estivesse ouvindo música secular, Hoda sintonizava em programas cristãos da Europa em ondas curtas. Enquanto escutava, anotava versículos da Bíblia em pedaços de papel e então os escondia nas roupas ou no travesseiro quando não os estava decorando.

Por fim, seus pais começaram a deixar que saísse por curtos períodos, mas continuaram a tratá-la como uma prisioneira. Um dos primos de Hoda era seguidor de Jesus, embora poucas pessoas soubessem disso. Ao tomar conhecimento da situação da prima, contou a história dela para Naasir, um amigo de seu círculo cristão mais íntimo.

Naasir se sentiu inspirado pela fé demonstrada por Hoda,

e frustrado pela falta de liberdade da moça. Após analisar a situação e orar por ela, determinou-se a resgatá-la. Durante dois anos, economizou a fim de libertá-la da prisão domiciliar. Durante dois anos, orou a respeito do plano. Então, enfim, chegara o momento de colocá-lo em prática.

Com a permissão de Hoda, pediu aos pais da moça sua mão em casamento. Os pais pouco sabiam sobre ele, apenas que era alto, bonito e tinha cabelos escuros. Presumiram que fosse muçulmano, embora nunca tenham perguntado. Resolveram que era a solução perfeita para que a filha deixasse o *status* de "infiel" e consentiram com o casamento.

Histórias nas quais os enamorados "vivem felizes para sempre" não são comuns entre os seguidores de Jesus no Egito, mas Naasia e Hoda se apaixonaram, casaram e se comprometeram a fazer tudo o que pudessem para partilhar sua fé em Cristo com outras pessoas.

A fornalha da perseguição, porém, continuou quente.

Com frequência, muçulmanos os atacavam e zombavam deles. Proprietários islâmicos de imóveis os despejavam quando ficavam sabendo que eram cristãos. O nascimento do filho foi uma alegre bênção, porém acrescentou ainda mais pressão para que encontrassem uma moradia estável. Após uma nova mudança para mais um apartamento, seus móveis gastos e vacilantes cederam. Não tinham comida. O clima esfriou. Eles dormiam no chão. Mas enfrentavam tudo isso com alegria, porque "sentíamos que Deus estava nos preparando para nos confiar um ministério", disse Naasir.

A despeito das incertezas da vida no Egito, eles permanecem fiéis a seu chamado. Naasir é evangelista e ensina outros a compartilhar a Palavra de Deus. Hoda encabeça um ministério que abriga mulheres no Cairo que foram expulsas de casa após se converterem ao cristianismo. Graças a Deus, outros cristãos os ajudaram a encontrar uma moradia permanente.

"Tivemos muitas oportunidades de sair do Egito", disse Hoda. "Mas temos convicção de que precisamos estar aqui para completar nosso ministério."

Além da ameaça constante de ser descobertos pelas autoridades, eles ainda sofrem atrito com os familiares muçulmanos. Agora que o filho está na escola, enfrentam um novo e difícil desafio. Todos os dias, o garoto depara com oposição à vida e à fé baseadas em Jesus que ele vivencia em casa.

"Ele está confuso porque ouve algumas coisas na escola e outras diferentes em casa", conta Naasir. "Na escola, ensinam que os cristãos são infiéis e até amaldiçoam a Cristo. Em casa, tentamos corrigir isso."

Mesmo diante de sério antagonismo, Naasir e Hoda colocam corajosamente em prática Marcos 8.35: "Se tentar se apegar à sua vida, a perderá. Mas, se abrir mão de sua vida por minha causa e por causa das boas-novas, a salvará". São lembrados a todo tempo de que a Palavra de Deus nunca nos prometeu um final "felizes para sempre", apenas força e sabedoria divinas para tudo o que cruzar nosso caminho. Há tanto que podemos aprender com eles!

"No Egito, nossa teologia é a teologia da dor", explicou Naasir. "Não conhecemos a teologia da prosperidade, mas conhecemos Jesus."

Eles sabem que esperança, contentamento e paz só podem ser encontrados em Jesus. Por isso, em vez de tentar passar a vida procurando construir um cenário "felizes para sempre", têm coragem de confiar em Deus para tudo o que virá pela frente. Estão comprometidos a fazer a vontade dele, não a própria.

9

De perseguidor a perseguido

ABDULMASI

Nigéria

Após bombardear uma igreja, Abdulmasi gostava de voltar para se deliciar em sua obra. Saber o número de mortos. Sentir prazer na glória de matar cristãos. Afinal, esse era o principal foco do grupo fanático Jama'atu Nasril Islam, do qual participava.

Décadas antes, seus companheiros haviam começado a chamá-lo de "Sr. Inseticida". Ele ganhou esse apelido porque, conforme explicou, era "o único capaz de organizar a matança dos insetos, isto é, a morte de cristãos. Se você precisasse de alguém para se livrar dos insetos, era só me chamar. Essa era minha vida".

Sempre que os muçulmanos do norte da Nigéria sentiam que os cristãos estavam passando dos limites, Abdulmasi era convocado. Ele se especializou em carros-bomba, planejamento de motins e infiltração em organizações cristãs. Essa última atividade acabou levando à sua ruína — ou, da perspectiva bíblica, à sua redenção.

Abdulmasi não conhecia outra vida além da adesão absoluta ao islã. Aos 5 anos, foi forçado pela família a se tornar *almajiri*, uma antiga prática islâmica, popular no oeste da África. Famílias muçulmanas enviam os filhos pequenos para morar com um imã local. O garoto *almajiri* pode se juntar a outros quatro a cinco meninos para receber as instruções do imã. Seus dias são rígidos como os de um prisioneiro.

Pela manhã, recitam o Alcorão em árabe, língua que não entendem. Ficam recitando por horas e, literalmente, por anos, até memorizarem o Alcorão. A tarefa seria equivalente a uma criança que fala português decorar a Bíblia em chinês.

Ao meio-dia, saem pelas ruas mendigando comida, a qual compartilham primeiro com o imã. Depois disso, estudam a Hádice, conjunto de dizeres atribuídos ao profeta Maomé, escrito por eruditos islâmicos no início do nono século. Nas partes fundamentalistas muçulmanas do mundo, a Hádice é a fonte na qual os meninos aprendem os conceitos de *jihad*, paraíso e matança dos inimigos de Alá.

Depois de viver alimentado por esses conceitos ao longo de uma década, Abdulmasi conta: "O islã é um ensino de ódio, ódio e nada mais que ódio". E: "Se houver qualquer mal na sociedade, eles o relatarão como responsabilidade dos cristãos". Seu único conforto na vida? A promessa do "paraíso" se matasse os inimigos de Alá.

Aos 17 anos, ansiando desesperadamente fugir de uma vida que odiava, Abdulmasi se envolveu em sua primeira *jihad* contra os cristãos na cidade de Bauchi, na Nigéria. Os *jihadistas* não tocavam nas mulheres, nem nas crianças, mas espancavam e chicoteavam os homens. Durante o ataque, Abdulmasi viu um homem cristão saindo de casa.

"Comecei a golpear suas pernas, para que ele não conseguisse fugir", recorda. "Ele caiu e meus meninos o atacaram, tentando matá-lo. Foi um garoto de 7 anos que assassinou o homem com uma faca. Pressionando o pescoço da vítima, o cortou. Deram ao menino o título de 'Exterminador Chefe'."

Após o homicídio, Abdulmasi se regozijou. "Veja bem, quando você faz isso, quando mata um pernilongo", disse ele, batendo as mãos em movimento de palmas, "você conquista algo. Sorri mesmo que haja sangue em suas mãos. Eu havia me livrado de um inimigo de Deus que, por isso, era meu inimigo também."

Os anos se passaram. As matanças continuaram. Certo dia, Abdulmasi voltou a uma igreja que havia acabado de bombardear e descobriu algo estranho acontecendo. Os membros que haviam sobrevivido ao ataque estavam cantando louvores.

Abdulmasi se enfureceu. Quando retornou à mesquita, lamentou o que tinha visto. "Eles estão se regozijando", bufou. "Estão ainda mais felizes." Então, perguntou a si mesmo: "Por que não consegui me livrar desses mosquitos da igreja?".

Frustrado, decidiu usar uma nova tática. Ele se infiltraria na igreja como impostor e procuraria maneiras de matar os seguidores de Jesus. No dia seguinte, foi à igreja e disse ao pastor: "Sou muçulmano, mas quero me tornar cristão".

O pastor e a congregação o aceitaram de braços abertos. Mais tarde, ele disse: "O amor que me estenderam me surpreendeu!".

Começou a frequentar os cultos. Entrou para o grupo de jovens, participou da classe batismal e foi batizado. Enquanto isso, ia secretamente à mesquita para jejuar e orar.

Por seis anos, Abdulmasi levou essa vida dupla. Bombardeava uma igreja do outro lado da cidade em um dia e liderava um estudo da Bíblia no dia seguinte. Foi até nomeado líder dos jovens. Mas, quando a igreja planejou uma série de conferências e convidou um pastor proeminente para ser o orador, Abdulmasi ficou furioso. "Por que não eu? Não sou o líder de jovens? Por que não fui convidado para pregar?"

Ele participou dos cultos com a raiva queimando dentro de si. Orou especificamente pedindo que o orador falhasse e ele fosse convidado para assumir seu lugar. Mas Deus tinha um plano diferente para a vida de Abdulmasi. No último dia da conferência, o pastor pregou sobre 1Reis 18, o desafio de Elias aos profetas de Baal.

— Por quanto tempo você continuará vacilando entre duas opiniões? — perguntou o pastor sem rodeios. — Se Deus é Deus, adore-o. Se Baal é deus, adore-o.

Abdulmasi aguçou os ouvidos.

— A quem você está enganando? — continuou o pregador. — Quanto tempo faz que você aceitou a Cristo, mas não tem levado essa decisão a sério? Por que está fazendo jogo duplo?

Abdulmasi se debatia por dentro. "Esse homem sabe tudo a meu respeito! Quem contou para ele? Logo ele vai falar meu nome."

— Apenas humilhe-se — prosseguiu o pastor. — Levante-se. Deixe-me orar por você e o Senhor o perdoará por tudo o que você tem feito. Esqueça que você é um assaltante a mão armada. Esqueça que é um assassino. Esqueça todas essas coisas. Levante-se!

Abdulmasi se levantou. Sua vida dupla acabou. Quando ele foi à frente para professar a fé em Cristo — dessa vez de verdade —, começou uma nova vida pela graça de Deus. Também tornou-se vulnerável à vingança da parte dos *jihadistas* com quem antes compactuava.

"Não passe perto da mesquita", um de seus "meninos" o advertiu mais tarde. "Eles vão matá-lo."

Enquanto isso, os líderes da igreja exultaram ao ficar sabendo de seu compromisso, mas se sentiram perplexos diante da revelação de sua vida dupla. "O que fazemos agora com esse homem?", debateram. "Devemos excluí-lo da igreja? Aceitá-lo?" Eles oraram por três dias.

Que decisão tomaram? Resolveram escondê-lo para salvar sua vida. "Filho", disse o pastor para Abdulmasi, "Deus usará você poderosamente."

E, de fato, Deus o tem usado. Enquanto se escondia na casa de outro pastor, Abdulmasi não conseguia deixar de partilhar sua fé com os muçulmanos. Sempre procurava oportunidades para apresentar os muçulmanos a Cristo — com todo cuidado.

Muitas pessoas dão a ele o crédito de lhes ter apresentado Jesus. Em segredo, já aconselhou mestres do Alcorão. Construiu pontes para outros perseguidores de cristãos.

Os meses se tornaram anos, e os anos se tornaram décadas. Abdulmasi se casou. Ele e a esposa tiveram filhos. Mas seu passado *jihadista* não seria esquecido. Continuava a ser um homem marcado. Em certa ocasião, quando muçulmanos cercaram sua casa, ele escapou da morte por pouco, saindo pela porta dos fundos. Três anos depois, muçulmanos abordaram seu filho adolescente.

"Não viemos roubá-lo", disse um deles. "Estamos aqui para matá-lo por você ser filho de quem é." E cortaram a garganta do rapaz.

"Foi muito difícil", conta Abdulmasi, "mas nenhum sacrifício é grande demais para Deus." E nenhuma dor é profunda demais que a graça de Deus não possa cobrir.

Demonstrando grande coragem, Abdulmasi fez contato com a pessoa que havia ajudado a planejar a morte de seu filho para falar de Cristo com ela. Aquele homem não recebeu Abdulmasi, mas o filho dele ficou sabendo do que havia acontecido e apareceu na casa de Abdulmasi.

"Por favor", disse ele, "conte-me sobre seu Cristo."

Nunca é tarde demais para Deus nos redimir. Ao olhar para trás, recordando a vida na qual perseguiu cristãos, levou uma vida dupla e então passou a ser perseguido, a única coisa que Abdulmasi pode fazer é balançar a cabeça. "Se você deseja conquistar muçulmanos para Cristo", disse ele, "é preciso amá-los. Não com o tipo humano de amor, mas com o amor que você mesmo experimentou por meio de Cristo. As pessoas me veem abrindo o coração agora. Se não fosse pela graça de Deus, eu jamais seria quem sou."

A mudança em Abdulmasi, de perseguidor a perseguido, reflete um passo de coragem que causa um impacto poderoso. Como o apóstolo Paulo escreveu em Gálatas 1.23-24: "Sabiam apenas o que as pessoas diziam: 'Aquele que nos perseguia agora anuncia a mesma fé que antes tentava destruir'. E louvavam a Deus por minha causa".

Nunca é tarde demais para qualquer um de nós correr para os braços de Deus. Ore para que outros que só conhecem uma vida de ódio sejam apresentados ao Deus do amor e do perdão. Ore para que, assim como Abdulmasi, tenham coragem de receber a Cristo e deixar a matança para trás.

10

Nadando contra a correnteza

YOUSEF

Oriente Médio

Yousef abriu o frasco de comprimidos. Era o suficiente para cumprir a tarefa. Mas, antes de tomá-los, sentiu-se obrigado a fazer pelo menos uma breve revisão dos vinte e poucos anos que havia vivido. Quando começou a reviver mentalmente esses anos, reconheceu uma série interminável de fracasso após fracasso, derrota após derrota. Ele logo descartou essa ideia.

Yousef havia se esforçado tanto para fazer tudo certo! Frequentava a mesquita. Recitava diariamente as orações do Alcorão. Aos 17 anos, porém, Yousef havia se distanciado da família e dos supostos amigos. Um vazio corroía seu coração, e embora tenha tentado preenchê-lo com tudo, de drogas a álcool e gangues, nada dava certo. Foi por isso que começou a pensar em morrer de *overdose* de remédios.

Então, aparentemente do nada, o rosto afável de seu avô se materializou. As lembranças daquele homem não eram muitas. Ele o vira pouco, porque Yousef morava no Oriente Médio e seu avô havia se mudado para os Estados Unidos. Mas, ao pensar naquele parente distante, vieram um sorriso ao seu rosto e um pouco de esperança ao seu coração.

Yousef se lembrou de que o avô era cristão, não muçulmano. E recordou a vez em que lhe contou a "história do salmão". Quando ainda era garotinho, Yousef subira no colo do avô enquanto este assistia à televisão. O programa estava mostrando a cena de um salmão nadando contra a correnteza de um riacho.

O avô disse ao neto: “Yousef, os cristãos são como esses peixes: vivem nadando o tempo todo contra a correnteza, contra o mundo. Os caminhos do mundo são sempre contrários aos de Cristo. Contudo, embora tenham dificuldades, os peixes que nadam contra a correnteza estão cheios de vida. Já aqueles que nadam facilmente no sentido da água, junto com o mundo, esses peixes estão mortos”.

A lembrança dessa história tocou em algo profundo dentro de Yousef. Ele colocou a tampa de volta no frasco de comprimidos. “Estou prestes a cometer suicídio”, pensou. “O que tenho a perder se orar a esse Deus de meu avô?”

Yousef não fazia a menor ideia de como orar, então foi o mais honesto e franco possível. “Eu não vou me matar se Jesus consertar as coisas em minha vida.” E, acrescentando ainda mais sinceridade, continuou: “Até o fim do dia de amanhã”.

Então adormeceu.

De manhã, acordou e encontrou o tio Ishaq sentado ao pé de sua cama. Ele disse:

— Deus pôs em meu coração que eu deveria visitá-lo hoje. Preciso lhe contar sobre mim e sobre como sou verdadeiramente filho de meu pai, seu avô que se foi.

— O que você quer dizer com isso?

— Há muito tempo, resolvi que o caminho para ser feliz era ser rico, poderoso e importante — explicou. — Então achei que poderia conseguir isso me tornando traficante de drogas. Mas logo descobri um novo caminho. Um jeito de permanecer contente em meio a todas as coisas. Eu descobri Jesus.

A palavra *Jesus* sobressaltou Yousef, mas sua expressão de surpresa se transformou em curiosidade.

— Assim como o vovô? — disse ele, inclinando-se para a frente.

— Exatamente — respondeu o tio. — Quando eu era jovem, achava que ele estava louco. Jesus? Sério? Mas, quando dei com a cara no muro, foi para meu pai, para sua vida e seu contentamento, que eu me voltei. Então começamos a conversar.

— Como você e eu estamos fazendo agora.

— Isso mesmo.

Aquela história cativou Yousef, que começou a visitar o tio regularmente para conversar sobre Jesus. O tio lhe deu uma Bíblia, e Yousef tomou o maior cuidado quando a levou para casa. Sua mãe, líder na mesquita local, odiava os cristãos com veemência. Certa vez, arrancou um pendente em forma de cruz do pescoço da esposa daquele tio e cuspiu no rosto dela.

Um dia, Yousef falou com toda simplicidade para Deus: "Jesus, eu te peço que entres em meu coração. Coloco diante de ti os meus pecados. Desejo começar de novo ao teu lado".

Foi então que aconteceu. A mãe de Yousef encontrou a Bíblia debaixo da cama dele. Embora ele fosse um pouco mais alto que ela, a mãe, com o rosto tomado de raiva, o agarrou pelo colarinho.

— *Allahu akbar!* [Deus é grande!] — gritou ela.

Então pegou uma mangueira de jardim e começou a bater no filho. Ele passou cinco dias sem conseguir dormir por causa dos vergões nas costas decorrentes da surra.

— A Bíblia é um livro sujo — disse ela —, e os cristãos são demônios.

Alguns dias depois, ameaçou cortar a garganta do filho com uma faca de cozinha.

Yousef queria levar a família a desfrutar da mesma alegria em Cristo que ele havia encontrado, mas preocupava-se imaginando se isso lhe custaria a vida. Mesmo assim, falava aos outros com cuidado sobre sua fé. Certa vez, ele e o irmão mais velho estavam de joelhos no quarto em oração quando a mãe entrou sem pedir licença. Ela acertou a cabeça de Yousef com uma frigideira de ferro. Bateu no irmão e então começou a sufocar Yousef quase até ele perder a consciência.

Em outra ocasião, o pai de Yousef ameaçou empurrá-lo de uma sacada no terceiro piso.

— Ele me falou que, se me empurrasse, ele iria para a cadeia, minha mãe ficaria louca e meu irmão se tornaria mendigo na rua — conta Yousef. — Mas, se eu pulasse, então todos diriam apenas que seu filho era louco.

Yousef pensou nas alternativas com Romanos 12.18 em mente: "No que depender de vocês, vivam em paz com todos". Decidiu pular, a fim de evitar trazer desonra para sua família. Sobreviveu, e teve apenas um ferimento no ombro e um corte em cima de um dos olhos.

— Por que você pulou? — seu pai lhe perguntou no hospital. — Eu estava apenas tentando assustá-lo, para fazê-lo voltar à nossa fé.

Yousef não voltou para a fé de seus pais. Embora Deus não queira que nenhuma família viva em discórdia, deixa claro que devemos colocar nosso relacionamento com ele acima de todos os outros. Ao falar com aqueles que o seguiriam, Jesus disse que haveria um risco: "O pai ficará contra o filho e o filho contra o pai" (Lc 12.53).

Quando os membros da família não partilham da nossa fé, é vital que vejam Cristo agindo em nós e por meio de nós. Reflita, se puder, no espírito manso do avô e do tio de Yousef. Eles cativaram seu coração não com ameaças, mas, sim, com histórias que levaram o jovem a encontrar o Senhor.

Hoje Yousef escolhe nadar contra a correnteza assim como seu avô e tio lhe mostraram. Ele dedica boa parte de seu tempo ministrando a jovens muçulmanos. Ajuda a contrabandear Bíblias e outras literaturas cristãs. Também usa a internet para conduzir jovens árabes a Cristo.

É um gesto de coragem. A oposição é grande. Todos os dias, há chances de ser pego e perseguido. Mas ele continua a nadar contra a correnteza, sabendo que, um dia, se encontrará com seu avô. Sua história lembra a todos os seguidores de Jesus que prestem atenção e vejam onde se encontram dentro da água — se estamos nos esforçando ao máximo para nadar contra a correnteza ou se estamos apenas flutuando rio abaixo.

11

Coragem para seguir em frente

SAJID

Paquistão

Haviam se passado horas desde que Sajid, evangelista de 27 anos, tinha subido em um ônibus a fim de compartilhar o evangelho em uma das áreas mais perigosas do Paquistão. Conforme o ônibus prosseguia, Sajid conversava com vários passageiros sentados perto dele. Apesar do fato de extremistas islâmicos daquela região caçarem seguidores de Jesus assim como leões em busca de presas, ele começou a falar sobre Cristo.

O que lhe dava coragem para falar assim tão abertamente? Enquanto cursava teologia anos antes, Sajid sonhou que havia uma grande porta aberta na entrada de uma das cidades mais proeminentes do Paquistão. Ele cria que o sonho foi a forma que Deus usou para guiá-lo na abertura de novas portas para o evangelho. Durante a década que se seguiu ao sonho, Sajid conduziu centenas de paquistaneses a Cristo.

Um homem barbado sentado por perto balançou a cabeça.

— Vocês, cristãos, não têm a menor consideração por nosso profeta, então por que deveríamos ficar ouvindo você falar sobre a Bíblia?

Sajib calculou a resposta e resistiu a qualquer ímpeto de ser mal-educado. No entanto, assim como 1Pedro 3.15 orienta, estava preparado para defender a razão de sua fé.

— Nossa Bíblia não faz nenhuma referência a seu profeta.

— O profeta foi anunciado em sua Bíblia! — retorquiu o homem zangado. — Mas vocês não aceitam. Mudaram as palavras do jeito que quiseram!

Percebendo que seria inútil argumentar, Sajid encerrou a conversa.

Pouco depois de descer do ônibus, uns doze homens o agarraram, colocaram uma venda em seus olhos e o jogaram no banco de trás de um carro. Cerca de meia hora depois, puseram-no em um complexo onde outras pessoas começaram a interrogá-lo.

— Quem é você? — questionou o líder. — É um pregador? Está convertendo muçulmanos? A que organização pertence?

Com medo, Sajid ficou calado.

— Você é mudo? — outro perguntou. — Nós vamos matá-lo se não responder às nossas perguntas.

— Vou lhes dizer a verdade — disse Sajid. — Sou pregador de Deus.

— Se quiser poupar sua vida, deve negar sua fé e tornar-se muçulmano. Se não fizer o que estamos mandando, vamos torturá-lo. Em meia hora, sua paixão pelo cristianismo será soprada para longe como poeira no vento.

— Estou pronto para o que decidirem fazer comigo — afirmou Sajid. — Estou preparado para morrer por Jesus. Não perderei minha paixão por ele, não importa o que me façam.

Os sequestradores de Sajid o amarraram a uma árvore, ataram suas mãos nas costas e o forçaram a ficar descalço em cima de um bloco de gelo. Enquanto o calor do Paquistão o assolava, cozinhando o restante de seu corpo, seus pés queimavam de dor, como se estivesse pisando em um milhão de alfinetes.

Meia hora se tornou uma hora inteira. Uma hora virou duas. Duas horas viraram quatro. A planta dos pés de Sajid inchou com bolhas esverdeadas. Ele chorava, mas não abriu a boca. Suor escorria de seu corpo, manchando a roupa.

— Veja! — zombou um dos muitos observadores. — Está quarenta graus e o apaixonado por Jesus está congelando!

Todos deram risada.

— Quem sabe agora você desiste dessa corrida inútil atrás de Jesus e volta para onde pertence — disse um dos torturadores. — Quem sabe agora pode voltar para Alá.

Sajib fez que não com a cabeça.

— Então você vai seguir Jesus amputado! — respondeu o homem. — Quando seus pés apodrecerem, vamos congelar os cotos. Quando eles congelarem, vamos serrá-los fora. Jesus vai voltar, vai procurá-lo, mas você não estará lá, pois não terá pernas! Mas, se você seguir Alá, poderá não só andar, como também correr. Não é uma opção melhor?

Mais uma vez, Sajid balançou a cabeça negativamente.

— Jesus! — clamou ele, após horas de tortura no gelo. — Ajuda-me! Ajuda-me, Jesus!

Sajid se recorda do que aconteceu em seguida: "De repente, vi um anjo radiante aparecer na minha frente. Jesus estava comigo, assim como o quarto homem na fornalha de fogo junto com Sadraque, Mesaque e Abede-Nego".

A dor se abrandou. Ele recobrou as forças. Para a surpresa de seus torturadores e da multidão que escarnecia, Sajid começou a cantar hinos de louvor. Então desmaiou.

Sajid acordou no meio da noite deitado em uma vala de esgoto ao lado de uma estrada de terra. A carteira e o livro de hebraico que carregava estavam a seu lado. Alguém que passava por perto, um bom samaritano dos tempos modernos, pagou três noites de estadia para Sajid em um hotel local, a fim de que ficasse ali enquanto se recuperava. Depois disso, o irmão de Sajid o levou ao hospital para receber tratamento médico e depois o levou para descansar em casa.

Jesus nunca prometeu vida fácil neste mundo para aqueles que o servem. Mas ele prometeu, isto sim, que não nos abandonaria, nem nos deixaria trabalhando e sofrendo sozinhos. Quando enviou seus discípulos ao mundo para espalhar a verdade, assim como Sajid estava fazendo, Cristo afirmou: "Estou sempre com vocês, até o fim dos tempos" (Mt 28.20).

A presença de Jesus conosco em meio ao sofrimento nos dá coragem para prosseguir quando nossas forças falham. Que nos unamos aos outros — a pessoas como Sajid — da família global de Deus para servir Jesus com os olhos fixos nele. Oremos para que não deixemos de viver corajosamente para o Senhor. Incentivemos uns aos outros no desejo único de continuar a correr atrás de Deus a despeito das tentativas do mundo de derrubar nossos pés.

Os torturadores de Sajid disseram que, sem pés, ele não seria capaz de seguir a Jesus. No entanto, hoje ele continua a caminhar — e a falar — sobre seu amado Salvador.

12
Liberta para contar aos outros

SARA

Irã

Quando adolescente, Sara era uma guerreira de oração muçulmana, uma *basiji*, membro do grupo de voluntários islâmicos do povo comum aliado à Guarda Revolucionária Iraniana. Quando ela orava na escola, todas as outras moças esperavam que ela as conduzisse. Certa vez, jejuou por tanto tempo que foi parar no hospital. A fim de demonstrar sua devoção ao islã durante os cultos, ela e as amigas praticavam autoflagelos. Sara sempre ficava mais ferida que as demais, e no entanto suas necessidades espirituais profundas continuavam insatisfeitas. Ela começou a se fazer perguntas.

"Por que me sinto espiritualmente vazia?"

"Por que não sinto nenhuma conexão pessoal com o deus do islã?"

"Por que, durante os rituais de oração, eu faço tudo certo e, mesmo assim, sinto que está terrivelmente errado?"

Ela se recorda: "Quando eu era menina, pedi à minha mãe e ao meu pai se eu podia aprender a fazer as orações muçulmanas. Eu colocava meu pano branco de oração no chão, depois outro pano em cima, em seguida um lenço com uma pedra — um tablete de pó comprimido da cidade de Meca. É preciso colocar o nariz na pedra. Após terminar de orar, eu pegava a pedra e o lenço. Debaixo dele, havia dinheiro. Mas eu não queria o dinheiro. Queria mesmo era a verdade".

Um filme sobre a vida de Jesus mudou tudo.

Pouco antes de Sara ingressar na universidade, uma de suas irmãs voltou da faculdade para a pequena cidade onde a família morava. Levou consigo um filme sobre a vida de Jesus e teve coragem de partilhá-lo com Sara.

Sara foi para um cômodo da casa distante dos familiares e colocou o filme no videocassete.

Mais tarde, contou: "Eu vi como Jesus amava as pessoas. Comecei a chorar. No final do filme, há uma oração de arrependimento. Eu a fiz seis vezes". Ela rebobinava a fita para orar vez após vez — para trás, para a frente, para trás, para a frente. "Acho que não sabia ao certo o significado de arrependimento, mas queria estar perto de Deus."

Ela se prostrou de joelhos e levantou as mãos. "Eu estava com ciúmes da minha irmã desde que ela voltara da faculdade, pois ela se ajoelhava e, sem nenhuma conta, pedra ou pano islâmico, erguia as mãos e começava a orar. Eu queria orar e me sentir próxima a Deus assim como ela."

Sara orava: "Deus, quero ter uma conexão contigo!".

E continuava a pedir. Chorava e orava, pedindo a Deus vez após vez apenas isto: conexão. Sara se perguntava: "Seria isso o que eu estou procurando?". Ela não tinha certeza.

"Então comecei a orar para ser liberta do pecado", recorda. "Naquele dia, foi como se Deus estivesse falando comigo, por meio de mim. Ele dizia: 'Esta é a verdade. Eu sou o Deus verdadeiro. Eu sou o único Deus'."

Sara correu para a cozinha a fim de encontrar a irmã e lhe contar a novidade. Jesus a salvara!

Quando Sara começou a orar, era como se estivesse aprendendo a andar pela primeira vez. "Eu não tinha Bíblia", ela se recorda. "Não sabia quase nada sobre Jesus. Tudo o que eu tinha era um retrato colorido de Cristo com cerca de quinze centímetros em uma moldura pintada com flores. Ele olhava para um dos lados. A fim de me sentir próxima dele, eu me sentava no lado para o qual ele estava olhando na figura. Assim, era como se ele sempre estivesse olhando para mim."

Ela começou a se reunir em segredo com os membros de uma igreja no lar e ganhou um Novo Testamento. "Fiquei tão feliz", conta. Quando o Irã se tornou uma república islâmica em 1979, a Sociedade Bíblica do país fechou. Por isso, cristãos ou muçulmanos interessados muitas vezes precisavam viajar centenas de quilômetros para obter um exemplar das Escrituras.

A igreja se reunia em uma sala minúscula, com paredes de barro. "Mas daquelas paredes", disse Sara, "saía amor." Eles conversavam sobre como se relacionavam com Deus sem ser pegos. Um jovem contou que se sentava no carro da família à noite para ler as Escrituras com uma lanterna. Sara compartilhou seu anseio em falar às pessoas sobre Cristo. Mas como ela poderia fazer isso?

Sara gostava de sua vida. Gostava de servir a Cristo. Ela só precisava encontrar uma maneira de falar aos outros sobre ele. Encontrou uma forma durante o percurso de ida e volta do trabalho.

Ela explica: "No ônibus, pela manhã, a caminho do trabalho, e de tarde, ao voltar para casa, eu testemunho para duas ou três pessoas. No meio do ônibus, há uma grade que separa os homens das mulheres. Eu fico de um lado testemunhando para uma mulher, mas os homens do outro lado da grade conseguem ouvir e ficam bem interessados".

Sara está ciente dos riscos. Ser um cristão nominal no Irã é uma coisa, mas evangelizar é outra bem diferente — um convite à perseguição. Mesmo assim, Sara diz: "Eu não consigo *não* falar de Cristo para as pessoas. Preciso lhes contar o que me libertou do cativeiro espiritual".

Sara sabe que ela encontrou Jesus porque sua irmã ousou partilhar o evangelho com ela. Portanto, tem consciência da importância de contar aos outros as boas-novas. Segue com coragem os passos do apóstolo Paulo, que escreveu: "Dediquem-se à oração com a mente alerta e o coração agradecido. Orem também por nós, para que Deus nos dê muitas oportunidades de falar do segredo a respeito de Cristo. É por esse motivo que sou prisioneiro. Orem para que eu proclame essa mensagem com a devida clareza" (Cl 4.2-4).

Por onde passamos, levamos Jesus conosco. No que dizemos. No que fazemos. Em como oramos. Que tenhamos a coragem de partilhar Cristo com os outros. E que sejamos fiéis em orar pedindo coragem para nossos companheiros na fé.

13

Uma mudança improvável

SAMRITA

Malásia

Pá!

As costas da mão do pai de Samrita acertaram sua face e a mandaram se debatendo para o chão. Mais um golpe. Seu nariz começou a sangrar.

— Você não vale nada para mim, Samrita — disse ele em um dialeto da Malásia, com a pronúncia confusa por causa da bebida. — Você não vale nada para ninguém. Igual a seus doze irmãos e irmãs.

Era a metade da década de 1990, e a família de Samrita estava implodindo, despedaçada por socos, álcool e palavras cortantes como facas. Seu pai bebia. Sua mãe, acovardada pelo medo, recusava-se a intervir. E quem poderia culpá-la? Samrita procurava preservar a paz, tentando manter a família unida.

— Papai, você não sabe o que está dizendo — disse Samrita após receber mais um golpe. — Você não tem a intenção de falar essas coisas.

— Pobre Samrita... — zombou ele. — Eu *tenho* sim.

Ele riu, arremessou uma cadeira que machucou o joelho da filha e saiu cambaleando, para descansar da noite no bar.

Aos 18 anos, Samrita começou a namorar um jovem muçulmano chamado Uda. Ela o via como uma forma de escapar da casa do pai. Eles se casaram em 1999. Samrita se converteu ao islã para se casar, mas as coisas não deram certo. Uda começou a usar drogas e espancá-la assim como o pai fazia.

— É como se eu fosse amaldiçoada — disse à sua amiga Aisha.

— Você precisa ser mais dedicada na devoção ao islã — respondeu Aisha.

Então Samrita começou a orar cinco vezes ao dia, vestir-se com modéstia, recitar o Alcorão e até planejou uma peregrinação a Meca. Mas nada disso lhe deu a paz interior que ela tão desesperadamente buscava.

Então, certo dia, em 2006, uma mudança improvável aconteceu. Tudo começou com uma visita do pai.

Ao ver o pai, Samrita se sobressaltou. Ela abriu a porta cheia de cautela e medo, com as terríveis lembranças do passado que marcavam sua alma. Fazia muito tempo desde que o vira da última vez.

— O que você quer? — perguntou em um ímpeto de ceticismo.

— Apenas lhe dizer uma coisa.

— E o que é? — indagou.

Os olhos dele brilhavam. Samrita nunca tinha visto aquele olhar. Algo havia mudado.

— Desculpe-me — falou.

— Papai?

— Eu não sou digno de ser seu pai.

Samrita engoliu seco e então perguntou:

— O que aconteceu com você?

— Não sou mais o homem que você conheceu anos atrás — disse ele. — Estou mudado.

Seu idealismo a incentivava a acreditar nele; sua memória, porém, a exortava a duvidar.

— E como posso ter certeza disso?

Ele estava segurando uma caixinha.

— Tome. Para você.

Ela abriu. Dentro havia um colar com uma pequena cruz de madeira.

— Samrita — disse ele —, eu deixei minha raiva, meu ego e minha estupidez ao pé da cruz. Agora sou cristão.

Ela não sabia exatamente o que isso significava. Mas ao longo dos meses, em suas visitas à família que começaram após aquela ocasião, descobriu que de fato seu pai havia mudado. Falava a todos os filhos o que Cristo fizera em sua vida e implorava por perdão.

Embora as palavras do pai tenham intrigado Samrita, foram suas ações que a convenceram de que, quem quer que esse Cristo fosse, ele tinha poder.

Antes violento, agora seu pai era manso. Antes briguento, agora era bondoso. Antes egoísta, agora pensava primeiro nos outros.

Ela começou a perguntar sobre esse Jesus e, em 2008, em um seminário cristão, aceitou-o como seu Senhor e Salvador. Entretanto, não contou para Uda. Samrita havia achado a paz pela qual tanto ansiava e não queria estragá-la.

No dia em que Uda descobriu a Bíblia em sua casa, teve um ataque. Ele a amaldiçoou e a expulsou de casa. Samrita pegou os dois filhos, Lili, 10 anos, e Faiz, 5, e os levou consigo.

Uda decidiu se divorciar de Samrita e também a denunciou à polícia da Xaria, responsável por fazer vigorar a lei islâmica. Eles ordenaram que ela comparecesse ao tribunal diante das autoridades religiosas.

Seus irmãos de fé começaram a jejuar e orar, intercedendo diante de Deus em favor de seu caso. Se Uda contasse à corte que Samrita havia deixado o islã, ela poderia ser sentenciada a três anos em um centro de detenção murado, chamado pelo eufemismo de "centro de purificação". Lá, os muçulmanos tentariam convertê-la de volta ao islã. Caso ela se recusasse a ir para o centro, enfrentaria a prisão.

Durante o julgamento, o juiz perguntou diversas vezes a Uda por que ele queria se divorciar. O mais estranho é que ele se recusou a responder, mesmo sabendo que fazê-lo provavelmente significaria uma sentença de prisão para a esposa que, em sua opinião, o traíra ao rejeitar o islã. O juiz concedeu o divórcio e deu a guarda dos dois filhos para Uda, sem direito de visita para Samrita. Mas pelo menos ela não iria para a prisão.

Samrita agora frequenta uma igreja da Malásia com sessenta membros. Ela e o pai estão mais próximos que nunca. O amor dele por Jesus se tornou o amor *dos dois* por Cristo. Ela perdoou o pai e Uda pelos maus-tratos que cometeram contra ela.

Embora Uda permita que Samrita visite os filhos, ele a advertiu de que não compartilhe sua fé com as crianças. Mas, apesar do risco de perder o contato com eles, Samrita tem coragem de falar de Jesus assim mesmo.

"Com a ajuda do Senhor, ainda terei o direito de cuidar dos meus filhos", disse ela. Enquanto isso, vive com a confiança de que nada se encontra além do alcance do poder de Deus. Ela já viu que Cristo realmente faz novas todas as coisas, conforme 2Coríntios 5.17 promete: "Logo, todo aquele que está em Cristo se tornou nova criação. A velha vida acabou, e uma nova vida teve início!". Samrita se lembra dessa promessa todas as vezes que usa a cruz de madeira que o pai lhe deu. Isso lhe dá coragem para confiar seu futuro nas mãos de Jesus.

14
Você não é bem-vinda aqui

AFROOZ
Irã

Afrooz, uma muçulmana iraniana, não estava procurando Jesus quando o encontrou.

Ela estava em busca de ajuda. De paz de espírito. De algo para aliviar sua dor.

Sua vida girava em torno do estresse do trabalho, da escola e das dúvidas incessantes sobre a fé islâmica. "Talvez", pensava ela, "eu deveria deixar esse estresse de lado e me tornar poetisa." Os poetas são extremamente estimados na cultura iraniana, e isso seria muito melhor para sua pressão sanguínea.

Ela clamava a Alá quando se sentia sobrecarregada pela vida. Não, admitiu posteriormente, ela fazia mais que isso: ela *ameaçava.* Orava assim: "Se você quiser me ajudar, então mostre-se para mim hoje à noite. Se não me der um sinal nesta noite, eu me entregarei a uma vida material e serei pecadora".

Então ela adormeceu e teve uma visão: "O ambiente estava cheio de luz. Eu achei que estava de manhã, mas depois percebi que era meia-noite. Levantei a cabeça e vi Jesus Cristo. Ele estava vestido de branco. Embora nunca tivesse visto uma imagem do Messias, reconheci que não poderia ser ninguém mais".

Ela pegou caneta e papel para anotar caso ele falasse algo, e ele de fato o fez: "Venham a mim todos vocês que estão cansados e sobrecarregados, e eu lhes darei descanso".

Então a visão terminou. Isso a irritou. Ela não tinha contexto nenhum para as palavras que ele falou. Afrooz relembra: "Eu estava em busca do deus de Maomé e, de repente, Jesus, o

Messias, me aparece! Que história é essa? Fechei o tapete de oração e disse: 'Já chega! Eu vou é dormir!'".

Na noite seguinte, ela viu o Messias novamente em visão. "Eu não lhe disse que viesse sob minha sombra e ficasse segura comigo?", ele lhe perguntou.

Então ela ficou verdadeiramente perplexa. Quando a visão terminou, pensou: "Será que o Messias está aparecendo para mim? Será que ele é o Deus verdadeiro? Eu deveria estar vendo Alá ou Maomé".

No escritório, um colega de trabalho notou que Afrooz parecia meio dispersa. Ela mentiu, dizendo que não via a mãe que estava nos Estados Unidos havia algum tempo e isso a estava incomodando.

De repente, o jovem disparou que seguia Jesus e falou:

— Deus está sempre com você. Deus é amor. Leve a ele suas queixas.

Afrooz ficou pasma. Mais tarde, refletiu: "Em geral, no Irã, as pessoas não chegam no ambiente de trabalho e dizem: 'Sou cristão'".

Então Afrooz lhe mostrou as palavras que Cristo lhe dissera. Ele abriu a Bíblia com toda discrição — ela nunca tinha visto uma — e apontou para Mateus 11.28. Ela ficou surpresa enquanto ele lia:

— "Venham a mim todos vocês que estão cansados e sobrecarregados, e eu lhes darei descanso."

"Esse", relevou ela posteriormente, "foi o início da minha fé." Também foi o início da oposição daqueles que discordavam de sua nova crença.

Quando ela saiu do emprego e começou a procurar outro trabalho, descobriu que as empresas que trabalhavam com o governo do Irã não queriam contratar cristãos. "Elas sofrem pressão para tirar os benefícios dos cristãos, reduzir seus salários e não oferecer nenhum tipo de seguro", contou. Empresas privadas faziam propostas de contratação, mas para receber bem menos que o normal e sem qualquer benefício.

Na igreja, conheceu um seguidor de Jesus e se casou com ele. Isso despertou a ira da polícia secreta iraniana. Quando o casal chegou ao hotel em sua noite de núpcias, foram detidos e interrogados sobre seu envolvimento com a igreja e sobre seu pastor, e lhes foram exigidas provas de que eram realmente casados.

Por fim, a polícia os dispensou, mas o episódio os assustou tanto que eles se mudaram para o norte do país, onde esperavam ter mais liberdade para servir a Cristo. Ambos se envolveram no ministério. Afrooz se especializou no trabalho com mulheres cristãs do Irã e de outros países.

Depois que a filha do casal nasceu, foram assediados pelos oficiais por terem escolhido um nome cristão para ela: Emmanuel. Quando a garotinha começou a pré-escola, a diretoria da escola se recusou a registrar sua presença e a prover a documentação necessária para ela poder avançar para o ensino fundamental. Afrooz ficou preocupada com que o governo tirasse a filha deles, alegando que ela e o esposo não estavam lhe provendo a educação apropriada.

Mais uma vez, a família se mudou, com forte consciência das palavras de Jesus: "Eu lhes garanto que todos que deixaram casa, esposa, irmãos, pais ou filhos por causa do reino de Deus receberão neste mundo uma recompensa muitas vezes maior e, no mundo futuro, terão a vida eterna" (Lc 18.29-30).

É preciso coragem para enfrentar injustiças terrenas e descansar na esperança de Jesus, que promete sustentar seus filhos onde quer que estejam. Individualmente ou juntos, Afrooz e a família são excluídos em toda parte: trabalho, escola, hotel, cidade nova. Quando as pessoas os tratam com injustiça, eles não retaliam usando a justiça do tipo olho por olho, pois sabem que "isto aqui não é o fim de tudo". Sabem que tem mais por vir, na eternidade.

Essa existência nômade e exilada traz à mente a passagem do livro de Hebreus segundo a qual os seguidores de Jesus são "estrangeiros e peregrinos neste mundo" que buscam "uma pátria superior, um lar celestial. Por isso Deus não se envergonha de ser chamado o Deus deles, pois lhes preparou uma cidade" (11.13,16).

Ore pedindo paz de espírito para nossos irmãos e irmãs perseguidos em Cristo, que dão um passo de coragem adiante todos os dias para permanecer firmes na fé.

15

Apenas distribuindo Bíblias

BOUTROS

Síria

Sempre ficava escuro na vila após o pôr do sol. Boutros se encontrava na região onde o apóstolo Paulo teve um encontro transformador com Jesus Cristo a caminho de perseguir os cristãos. Não havia luz elétrica. Aquela noite parecia ainda mais sombria que o normal.

Boutros não havia voltado para casa às quatro da tarde, horário do toque de recolher imposto na vila. Era perigoso para qualquer um permanecer na rua, sobretudo para um homem que distribuía Bíblias e falava com os sírios sobre Jesus. Ele era presa fácil para os extremistas muçulmanos, que detestavam qualquer coisa ou pessoa contrária ao islã e a Maomé.

Alguns dias antes, um líder da igreja lhe dissera:

— Boutros, você precisa parar com isso, pelo menos por agora. Não podemos perdê-lo! É perigoso demais.

— Mas foi isso que fui chamado a fazer — respondeu. — Partilhar as boas-novas de Cristo com os sírios sedentos.

— Sim, mas há sequestros e tortura — argumentou o líder. — Os extremistas estão fazendo picadinho dos cristãos.

Boutros não parou de falar aos outros sobre Jesus.

À medida que as horas da noite passavam, líderes da igreja e outros que tinham a mesma visão de ministério que Boutros começaram a temer pelo pior. As pessoas se reuniram para orar pelo amigo. As ligações para seu celular não eram atendidas. Não havia como saber se o telefone estava desligado.

Um amigo contou: "Veio à minha mente que Boutros, assim como os outros, havia sido cortado em pedaços".

Às nove da noite, eles estavam tão desesperados para ter notícias do amigo que chegaram a ligar para a polícia secreta para ver se o haviam prendido.

— Por que ele está na rua? — indagaram.

— Distribuindo Bíblias — responderam.

— Por que ele está fazendo isso? — perguntou o policial. — Ele é doido?

Depois que a polícia secreta alegou não ter informação alguma sobre o paradeiro de Boutros, os amigos ficaram ainda mais preocupados. "Foi um momento sombrio para nós", recordou um amigo que se encontrava entre o grupo de oração. As pessoas clamavam em oração. "Senhor, ele está em tuas mãos. Guarda-o. Protege-o."

A manhã começou. Nada de Boutros.

Passou-se um dia inteiro. Nada de Boutros.

Passaram-se dois dias. Nada de Boutros.

Por fim, a congregação toda estava reunida na igreja, tão exausta que não tinha energia nem mesmo para comer.

Um barulho repentino na porta os fez congelar de medo. Ela se escancarou. E quem entrou? Boutros. A igreja o envolveu em abraços cheios de lágrimas.

Cansado, sujo e com a barba por fazer, ele contou como fora pego pela polícia secreta.

"Saia daqui", disse um oficial, "ou nós o pegaremos e você sumirá para sempre."

Boutros mudou de rua, mas não de bairro. Ele simplesmente andava por uma rua e começava a visitar comércio após comércio, a fim de compartilhar as boas-novas de Cristo. Ele sabe que é preciso agir a fim de ser sal e luz para Jesus, sem desistir quando alguém se opõe a seus planos.

A polícia o seguiu, colocou um saco preto em sua cabeça e o levou para uma cela de prisão cheia de extremistas muçulmanos que haviam entrado em conflito com a polícia secreta.

— Por que você está aqui? — perguntou um deles.

— Por compartilhar o amor de Cristo — respondeu —, e gostaria de apresentá-lo a vocês também.

E foi exatamente o que fez.

No dia seguinte, o chefe da polícia secreta sentou-se em frente a Boutros e, tomado de ira, começou a interrogá-lo.

Boutros respondeu com amor, não com o mesmo tom de raiva.

— Eu estava simplesmente distribuindo Bíblias — explicou. — A Bíblia nos ensina a orar por nossos líderes e respeitá-los.

Com essas palavras, o oficial se acalmou. Boutros olhou dentro dos olhos dele e disse:

— Deus é amor. E ele ama você.

Tais palavras puseram fim ao interrogatório. O oficial anotou um número de telefone e o passou para Boutros.

— O que é isso?

— O número do meu celular pessoal. Mantenha-me informado se você tiver qualquer outro problema com a polícia secreta.

Boutros agradeceu ao homem e parou na igreja para tomar um banho. Depois de contar a história, partiu para casa, a fim de encontrar a esposa e o filho. No dia seguinte, estava de volta às ruas, proclamando o evangelho a quem quisesse ouvir.

Cristãos como Boutros arriscam tudo para espalhar a Palavra de Deus, colocando até a própria vida em perigo. Essas histórias de coragem nos inspiram, enquanto nos lembramos do que Jesus disse: "Eu lhes falei tudo isso para que tenham paz em mim. Aqui no mundo vocês terão aflições, mas animem-se, pois eu venci o mundo" (Jo 16.33).

Pense em conhecidos seus que resistem ao evangelho, como era provavelmente o caso do oficial da polícia secreta antes do encontro com Boutros. Ore para que Deus fale ao coração deles a fim de que possam conhecê-lo e servi-lo. Afinal, Deus vê neles (assim como em cada cristão) potencial para demonstrar aquilo que enxerga em Boutros: uma fé corajosa que não se deixa deter.

16

Coragem para buscar a verdade

AMAL
Israel

Quando Amal, adolescente árabe nascida em Israel, voltou da escola para casa certo dia, sentiu o cheiro de algo queimando. Sua mãe havia colocado fogo em seu livro preferido — a Bíblia. De novo.

Nove vezes ao longo de três anos, a mãe havia queimado sua Bíblia no intuito de dissuadir Amal de se apegar à fé cristã. Essa era uma das reações mais suaves que ela recebia de parentes e irmãos em uma comunidade na qual os seguidores de Jesus com frequência enfrentam oposição ferrenha dos familiares, o que envolve até ataques físicos.

Amal ouviu sobre Jesus quando tinha 13 anos. Ela estava em uma luta para se encontrar e questionava o *status quo.* "Comecei a ficar realmente perdida e cheguei a uma encruzilhada", contou mais tarde. "Qual caminho me levará à verdade: o islã ou o cristianismo?"

Quando soube do interesse de Amal no cristianismo, um professor de sua escola a advertiu de que se afastasse desse assunto, pois poderia acabar morta.

Certa noite, ela orou: "Muito bem, Deus, quero lhe perguntar se você é o deus do islã. É só me dizer que é e eu usarei o *hijab* [lenço para cobrir a cabeça] e farei todas as orações que você quiser. Mas, se for o Deus dos cristãos, mesmo que isso me leve à morte, ainda assim acreditarei em você".

Então Amal sonhou sobre sua busca por respostas. "Em meu sonho, eu acordei. Havia tanta luz que eu não conseguia olhar para ela", lembrou-se. "A luz, que mais tarde reconheci ser Jesus, me instruiu a começar a andar. Todas as vezes que eu caía, ele pegava minha mão, me levantava e continuava a caminhar. Chegamos a um oásis. Ele pediu que eu pegasse um livro da água. Em seguida, disse: 'A resposta que você procura está dentro desse livro'. Li o versículo que diz: 'Eu sou o caminho, a verdade e a vida'."

Totalmente desperta depois disso, ela se perguntou: "De onde veio esse verso? Do Alcorão? Da Bíblia? De algum outro lugar?". Pesquisou incessantemente e descobriu João 14.6 nas Escrituras, com exatamente as mesmas palavras. Foi então que se entregou ao caminho, à verdade e à vida: Jesus Cristo.

"Desde então, comecei a ver como o Senhor trabalha e como tem me protegido", contou. E ela precisa bastante de proteção. Além de sua mãe queimar suas Bíblias, o irmão a espancou quando Amal tinha 18 anos. Ela chegou tarde em casa certa noite, depois de visitar um cristão no hospital.

— Onde você estava? — ele exigiu saber.

— No hospital.

— Não, você está mentindo — retorquiu ele. — Você estava no culto.

Surpreso ao perceber que seu irmão conhecia o termo para uma reunião dos seguidores de Jesus, ela repetiu que havia voltado do hospital. Ele a agarrou e jogou sua cabeça contra a janela, e em seguida começou a insultá-la com uma enxurrada de palavras.

Quando seu pai chegou, ela teve a esperança de que ele interviria. Em vez disso, começou a espancá-la também. Ela fugiu da cozinha para o banheiro, mas seu irmão a arrastou para o quarto e começou a bater em seu rosto. Amal desmaiou.

Ao acordar alguns minutos depois, sua família chorava angustiada. Seu pai acabara de ter um derrame. Culparam Amal por causar o problema e a forçaram a ficar confinada no quarto por duas semanas. Tiraram seu telefone e seus documentos e mal a alimentavam. Quando desmaiou de novo, a família a levou para o hospital.

Suspeitando de maus-tratos infantis, os médicos chamaram a polícia. Amal queria contar à polícia o que realmente havia acontecido, mas não o fez.

"Eu queria ser uma testemunha e provar que sou filha de Deus", contou.

Depois de se recuperar, Amal saiu de casa e começou a estudar em um seminário bíblico. (Disse à família que estava cursando serviço social.) No dia da formatura, seu pai foi pegá-la e, assim que a viu, jogou um jornal nela. Vira a notícia e a foto dela ganhando um diploma em teologia.

"Só peça a Deus que seu irmão não veja a foto", afirmou. Por dois meses, não falou uma só palavra com ela.

Apesar da reação violenta da família em relação à sua fé, Amal teve coragem de se mudar para casa de novo. Conduziu três irmãs e o irmão mais novo (não o que a espancou) ao Senhor. Pouco a pouco, a cura tem alcançado sua família. Seus pais agora aceitam sua fé, mesmo que eles próprios não tenham se tornado cristãos.

O irmão mais velho se casou e não mora mais na casa dos pais. Mesmo assim, continua a ameaçá-la. "Só estou esperando para fazer algo que irá machucá-la de verdade", avisou.

Amal é líder de um grupo de jovens de vinte e poucos anos que se converteram do islã para o cristianismo. Os obstáculos que ela superou são um testemunho da profundidade das raízes de sua fé. Sim, é verdade que sua mãe queimou várias Bíblias e sua família a machucou gravemente. No entanto, ela triunfou na resolução absoluta de substituir a Bíblia cada vez que era queimada e de continuar a falar sobre Jesus.

Já é doloroso sofrer oposição de pessoas que não conhecemos. Imagine como foi difícil para Amal ser ridicularizada e maltratada pela própria família. Não espanta que ela tenha escolhido o amor incondicional de Jesus, que não tem altos e baixos com base nas circunstâncias. Para aqueles que são fiéis e corajosos, ele diz: "Vocês permaneceram comigo durante meu tempo de provação. E, assim como meu Pai me concedeu um reino, eu agora lhes concedo o direito de comer e beber à minha mesa, em meu reino" (Lc 22.28-30).

Que Deus fortaleça nossa resolução, e a de nossa família perseguida ao redor do mundo, de manter os olhos fixos em Jesus à medida que compartilhamos nossa esperança com as pessoas à nossa volta que tanto carecem do Salvador que nos encontrou.

MÁRTIRES NA HISTÓRIA

WANG MING-DAO
1900–1991
China

Se os apóstolos e aqueles que os acompanhavam tivessem ficado com medo das ameaças dos judeus, não teriam ousado pregar e ensinar em nome de Jesus. Onde, então, estaria a igreja hoje?

Wang Ming-Dao, em referência a Atos 4.1-31

Wang Ming-Dao se tornou cristão aos 14 anos, enquanto estudava na escola primária da Sociedade Missionária de Londres. Cristão declarado, foi um espinho para o Partido Comunista da China entre as décadas de 1950 e 1970. Não se mostrando disposto a adequar suas crenças cristãs aos ditames do partido, passou um total de 22 anos na prisão, de 1958 a 1980.

Na década de 1920, Ming-Dao fundou uma igreja chamada Tabernáculo Cristão. Era não denominacional e independente de recursos estrangeiros. Ele não queria que tais alianças influenciassem aquilo em que a igreja cria e como seus membros adoravam.

Enquanto ocupou a China de 1937 a 1945, o Japão organizou uma federação da qual todas as igrejas eram obrigadas a participar. Ming-Dao se recusou, colocando a vida em risco. A federação o ameaçou, mas ele enfrentou destemidamente os imperialistas japoneses. Em sua visão, era errado formar uma aliança que incluía não cristãos.

Quando os comunistas chineses subiram ao poder em 1949, instituíram uma igreja patrocinada e controlada pelo Estado, com a qual Ming-Dao não quis ter nenhum envolvimento.

O Partido o ameaçava constantemente. E todas as vezes ele se recusou a entrar. Em 1955, foi preso.

Durante os interrogatórios, Ming-Dao era ameaçado de tortura e execução. Após meses recebendo esse tipo de tratamento, ficou tão mentalmente exausto que confessou crimes que sabia não ter cometido e prometeu apoiar a igreja do Partido, controlada pelo Estado, ao ser liberto. No entanto, tendo recebido a liberdade e com a saúde reestabelecida, recusou-se a se unir mais uma vez. Declarou que não havia cometido nenhum dos crimes que tinha confessado. Foi encarcerado novamente, dessa vez por 22 anos. A certa altura, ofereceram-lhe liberdade, mas ele a negou, insistindo que o governo lhe devia um pedido de desculpas.

Morreu em Xangai no ano de 1991, aos 91 anos. Sua recusa a fazer concessões abriu caminho para o que se tornou o movimento da igreja nos lares na China. Esses pequenos agrupamentos são considerados ilegais, e a polícia pode interrompê-los a qualquer momento.

Em seus escritos, Ming-Dao destacou a recusa de Pedro e João em se deixar abalar pelas ameaças dos líderes judeus por causa do rápido avanço do evangelho. Sem nenhum crime para conseguir prendê-los, os judeus os ameaçavam. "Então os chamaram de volta e ordenaram que nunca mais falassem nem ensinassem em nome de Jesus" (At 4.18).

Pedro e João não só continuaram a falar e ensinar, como também passaram a fazê-lo com ousadia ainda maior. "Mesmo se aqueles em posição de maior autoridade fizerem as ameaças, os corajosos não se retratam", escreveu Ming-Dao. "Aqueles dois homens valentes não tinham medo de ameaças, por isso não se deixaram afetar em nada por elas."

Ming-Dao aprendeu que ameaças não devem levar os cristãos a temer. Em vez disso, elas podem se tornar agentes catalisadores para que proclamemos nosso Deus todo-poderoso com coragem e ousadia ainda maiores.

Parte III

ALEGRIA

Felizes são vocês quando os odiarem e os excluírem, quando zombarem de vocês e os caluniarem como se fossem maus porque seguem o Filho do Homem. Quando isso acontecer, alegrem-se e exultem, porque uma grande recompensa os espera no céu. E lembrem-se de que os antepassados deles trataram os profetas da mesma forma.

Lucas 6.22-23

Alegria provavelmente não é a primeira expressão emocional que associamos aos seguidores perseguidos de Jesus. Eles correm o risco de ser torturados, maltratados e encarcerados sem julgamento. Pode ser que tenham amigos e familiares que morreram por causa da fé. Talvez sejam forçados a fugir de casa, deixando para trás tudo o que possuem e a comunidade que amam. Podem viver em barracas, em campos de refugiados lotados de gente, sem esperança de uma vida melhor. Com frequência, porém, é a alegria que chama a atenção das pessoas quando conhecem esses cristãos.

Como isso é possível? Como pessoas que sofrem tanto podem extravasar tamanha alegria?

Se levarmos a sério o ensino e o exemplo de Jesus, e analisarmos também as experiências partilhadas dos primeiros cristãos, a presença de alegria diante da perseguição pode não ser tão surpreendente assim. Jesus ensinou seus seguidores a se regozijar e saltar de alegria quando fossem odiados, excluídos, caluniados e considerados maus por causa dele. Por quê? Porque eles seriam abençoados e grandemente recompensados por seus sofrimentos (Lc 6.22-23).

Jesus, que conheceu de perto perseguição e sofrimento inexprimíveis, foi exemplo dessa alegria em sua vida: "Por causa da alegria que o esperava, ele suportou a cruz sem se importar com a vergonha. Agora ele está sentado no lugar de honra à direita do trono de Deus" (Hb 12.2). Seu exemplo é um antídoto poderoso contra o desencorajamento e o desânimo do coração.

Faz parte de nossa natureza humana tentar evitar o sofrimento a todo custo, mas Tiago 1.2-3 lembra aos seguidores perseguidos de Jesus que o sofrimento tem um propósito: "Meus irmãos, considerem motivo de grande alegria sempre que passarem por qualquer tipo de provação, pois sabem que, quando sua fé é provada, a perseverança tem a oportunidade de crescer".

Sem dúvida, nossos irmãos e irmãs na fé não gostam de sofrer, e nos dói saber que passam por isso. Mas suportar perseguição em nome de Cristo é algo muito maior que a dor e o sofrimento. É participar da obra redentora constante de Deus neste mundo e da eternidade gloriosa a seu lado.

A experiência da alegria em meio à perseguição está muito mais ligada ao foco que os seguidores de Cristo têm do que às circunstâncias que os rodeiam. Se nossa alegria depender de circunstâncias felizes de vida, teremos sérios problemas quando a perseguição vier. Mas a Bíblia deixa claro que precisamos nos concentrar em uma realidade maior: "Uma vez que vocês ressuscitaram para uma nova vida com Cristo, mantenham os olhos fixos nas realidades do alto, onde Cristo está sentado no lugar de honra, à direita de Deus. Pensem nas coisas do alto, e não nas coisas da terra" (Cl 3.1-2).

Essa realidade mais elevada faz toda a diferença. Ela muda por completo nossa perspectiva. Dá-nos uma alegria que não pode ser contida. É por isso que o autor de Hebreus foi capaz de escrever a seus irmãos e irmãs em Cristo: "Permaneceram firmes apesar de muita luta e sofrimento. [...] Sofreram com os que foram presos e aceitaram com alegria quando lhes foi tirado tudo que possuíam. Sabiam que lhes esperavam coisas melhores, que durarão para sempre [no céu]" (Hb 10.32,34).

Tal alegria profunda distingue os seguidores perseguidos de Jesus. Os familiares percebem. Os vizinhos notam. Os carcereiros observam. Até combatentes endurecidos do EI se dão conta disso. E essa alegria tem um impacto que por vezes leva até mesmo os perseguidores a querer conhecer o Jesus daqueles a quem perseguem.

Então continue a ler e compartilhe da alegria de seus irmãos e irmãs em Cristo que consideram um privilégio servi-lo.

17

Liberdade atrás das grades

JON

Malásia

Uma brisa suave soprava por entre as palmeiras, aliviando o calor constante que faz parte da vida na Malásia assim como o frio no Ártico. Em um pequeno subúrbio de Kuala Lumpur, cidade com 1,6 milhão de habitantes, a sexta mais visitada no mundo, Jon concluiu um estudo bíblico com dez outros cristãos de etnia malaia.

Enquanto se despediam do lado de fora, Jon se sentia bem. A reunião fora muito positiva. As nuvens de março que costumavam derramar baldes de chuva ainda estavam distantes. Ele conseguiria chegar em casa sem dificuldades antes de chover. Estava ansioso para retornar ao lar, onde poderia ligar o ventilador e fazer uma imersão mais profunda na Palavra de Deus.

Mesmo quando viu o camburão aumentando a velocidade em sua direção, Jon não se incomodou. Conhecia a rotina. Desde que se convertera ao cristianismo seis anos antes, havia se acostumado a abordagens policiais. A cada três meses, faziam que ele se apresentasse diante deles. Então insistiam para que recitasse as orações islâmicas e voltasse a aderir à fé islâmica e à sua herança étnica. E, a cada três meses, ele recusava educadamente.

Na Malásia, a população inclui diversas etnias: chineses, vietnamitas, indianos e outros. Além disso, o governo luta para manter uma cultura malaia distinta, exigindo que todos os malaios sejam muçulmanos. Há dois grupos de leis para governar o povo. As leis civis se aplicam a todos os cidadãos. As leis islâmicas, referentes a questões de religião, família, propriedade e herança, aplicam-se somente aos muçulmanos.

É ilegal a conversão de malaios, e a evangelização de muçulmanos pode ser punida com multa, prisão ou ambos. Embora o número de seguidores de Jesus esteja crescendo, não havia mais que mil cristãos malaios entre a população de 28 milhões de habitantes do país na época em que Jon foi preso, em 2011.

A ousadia de Jon por seguir Jesus fazia dele um traidor aos olhos da maioria dos malaios. Até então, porém, a interação da polícia com ele parecia mero cumprimento de formalidades. Jon até sabia o local exato em que o chefe da polícia ficava todos os dias.

Quando o veículo parou, Jon percebeu um pouco mais de violência que de costume. Ainda assim, achou que se tratava da visita trimestral rotineira. Segundos depois, três homens o agarraram, colocaram uma venda em seus olhos e o jogaram dentro do carro. Então foram atrás dos outros.

— Não, não, não! Não os peguem — Jon gritava em meio à confusão. — Levem somente a mim. Façam o que quiserem comigo, mas os deixem fora disso.

O líder segurou o rosto de Jon, com o polegar de um lado e os quatro dedos do outro, apertando-o bem firme.

— Nossa paciência com você acabou, seu *kafir* [infiel] podre. Já passou da hora de você ser reabilitado e voltar à fé que nunca deveria ter deixado: a fé em Alá!

Jon sabia que, para os malaios nativos, o islã é mais que uma religião: é sua identidade nacional. Os muçulmanos que tentam renunciar ao islã podem ser submetidos a muitas dificuldades, que incluem confinamento em campos de reabilitação. Por isso, quando o policial usou o termo *reabilitado*, a mente de Jon já sabia bem o que viria em seguida.

Quatro horas depois, saiu cambaleante do camburão em um complexo murado no norte da selva malaia, perto da fronteira com a Tailândia. O arame farpado em cima dos muros de mais de quatro metros de altura comunicavam que, a despeito do que acontecesse ali dentro, os oficiais não queriam que ninguém saísse por conta própria.

Jon já ouvira falar desses locais. Eram chamados de centros de purificação islâmicos e divulgados como "centros de retiro voluntário" para muçulmanos que tinham problemas com a fé. Mas Jon não era um convidado voluntário. Estava amarrado nos pés e nas mãos e foi colocado em um pequeno quarto junto com três outros homens, os quais, conforme soube mais tarde, eram conversos ao cristianismo.

Então começou sua "purificação".

Várias vezes ao dia, eruditos muçulmanos de barba comprida o interrogavam. Queriam que cantasse junto com eles. Jon se recusava a fazê-lo.

Mais tarde, contou: "A única coisa que eu conseguia ouvir eram pessoas orando por mim".

Eles derramavam "água santa" islâmica sobre sua cabeça a fim de "limpá-lo". Depois que isso não funcionou, usaram sete baldes de água. Jon se recusou a negar Jesus.

— Você deve aderir ao islã novamente — um dos líderes declarou.

— Não o farei — respondeu Jon. — Mesmo que vocês piquem minha cabeça em pedacinhos agora, não tem problema. Eu tenho meu Deus.

Irados com a rebeldia de Jon, os agentes de "reabilitação" o espancaram. Quando ele caiu no chão, deram vários chutes em seu estômago.

"Mas não senti dor, nem humilhação", recordou mais tarde. "Creio que o Senhor veio até mim e pude ouvir os anjos e as orações de meus amigos cristãos. Foi quando aqueles homens me pisaram e chutaram que senti as orações; foi então que senti a presença de Deus."

Percebendo que os golpes e chutes haviam falhado, os líderes passaram para um novo método de "curar" Jon de sua conversão a Jesus. Eles o forçaram a sentar nu sobre o gelo enquanto homens gritavam versos do Alcorão para ele.

— Vamos matá-lo se você não confessar a oração muçulmana — disse um deles.

Jon não deu resposta.

Eles o espancaram com um bambu grosso.

— Ore! — ordenou outro.

Jon não respondeu.

Ele contou que estava imerso em uma visão do próprio Jesus sendo espancado. "Vi o sangue de Cristo escorrer, então ouvi a voz suave do Espírito Santo me dizendo para não negar Jesus, não importa o que acontecesse."

Jon estava tão cheio do Espírito que, em um momento durante o espancamento, começou a rir — não para zombar de seus torturadores, mas, sim, para expressar alegria pela honra que sentia. "Eu não me importava em ser espancado", recordou. "Jesus também foi."

Após três dias de tortura, a polícia religiosa liberou Jon e o pôs sob a custódia das autoridades locais. Membros de sua igreja pagaram a fiança. Mais uma vez, estava livre para sentir a brisa tropical soprando em suas costas e a alegria de sua liberdade em Cristo.

A alegria de Jon em lugar do medo, mesmo em meio ao sofrimento, pode nos parecer inacreditável. Mas tal reação não precisará nos surpreender se entendermos o poder da fé e da confiança em Cristo. "Não tenha medo do que está prestes a sofrer", lemos em Apocalipse 2.10. "O diabo lançará alguns de vocês na prisão a fim de prová-los, e terão aflições por dez dias. Mas, se você permanecer fiel mesmo diante da morte, eu lhe darei a coroa da vida."

Pela fé, Jon se muniu da plenitude do poder de Deus, e sua alegria em meio ao sofrimento não pôde ser contida. Ele não prevaleceu por causa de uma capacidade extraordinária de argumentação, nem por ser mais forte fisicamente que os outros, nem mesmo por ser mais esperto. Jon prevaleceu porque confiou em Deus sem vacilar e porque orou sem cessar — e também porque outros seguidores de Jesus oraram por ele.

Que sejamos fiéis em orar por nossa família perseguida. Nossas orações fazem a diferença. Seguidores de Jesus, a exemplo de Jon, dependem das orações de seus irmãos e irmãs em Cristo para permanecer firmes na fé e vivenciar a alegria do Espírito de Deus.

18

Provado pelo fogo

SOLOMON

Nigéria

Os homens que atacaram Solomon e seu pai, Inoma, não eram revolucionários militantes do grupo Boko Haram que vinham do norte, nem pastores de ovelhas muçulmanos de etnia *fulani*, conhecidos pela inclinação em atacar cristãos. Eram seus vizinhos.

Muçulmanos a quem pai e filho conheciam e viam todos os dias de repente começaram a atirar neles. Como peixes dentro de um barril, Solomon e Inoma se moviam de um lado para o outro à procura de algum pedacinho de abrigo. Balas ricocheteavam por toda parte. Outros homens segurando facões se uniram ao ataque. Mesmo que pai e filho estivessem armados, não seria uma luta justa.

Um facão perfurou a região entre a cabeça e o ombro de Inoma. O lado esquerdo de seu tronco caiu. Morreu no mesmo instante.

Segundos depois, em choque, Solomon parou e encarou o assassino de seu pai.

— Não vamos matá-lo se você voltar para o islã — declarou o jovem, com o facão ensanguentado nas mãos.

— Não vou fazer isso — disse Solomon.

— Você é cristão. Vai fugir para onde? Este é o fim da linha. Só lhe resta uma escolha: seguir o islã.

— Não — repetiu Solomon.

Imediatamente, sentiu um jato líquido se espalhar em suas costas. O vapor de gasolina quase o sufocou.

— Agora você vai deixar esse Jesus e aceitar Alá? — perguntou o assassino.

— Não.

Um golpe no alto de sua cabeça o jogou no chão. Outro homem deu partida em uma motocicleta e passou com ela por cima das costas de Solomon, saiu e a deixou, com o motor ainda funcionando, em cima dele. Então colocaram fogo em sua camiseta encharcada de gasolina. Preso ao chão por causa do peso da moto, Solomon não tinha como fugir das chamas.

Algum tempo depois, com a mente confusa e o corpo assolado pela dor, Solomon se lembrou vagamente de ter sido colocado dentro de um veículo com tração nas quatro rodas enquanto percorria a agonizante estrada sinuosa e esburacada que levava ao hospital.

Ele sobreviveu, mas suas costas, mesmo após vários enxertos de pele, parece couro enrugado. Os médicos disseram que é possível que a dor nunca vá embora por completo.

Levando em conta tudo o que sofreu, a atitude de Solomon pode nos surpreender. Ele não lamenta ter ficado desfigurado, a dificuldade que isso criou em sua profissão de carpinteiro, nem o fato de sua noiva tê-lo deixado após o ataque. "Ela não acredita que eu tenha futuro", disse ele. Com confiança esperançosa em Deus, prosseguiu: "Gostaria que orassem para que eu volte a ter forças e que Deus coloque outra pessoa em minha vida. Entendo que ela foi embora porque talvez não fosse a vontade de Deus para mim".

Apesar de tudo o que suportou, Solomon não se tornou amargo, nem desanimou. "Não voltarei atrás", disse confiante. "A salvação que eu tenho em Cristo não foi de graça, mas paga com alto preço. O próprio Cristo sofreu para me salvar, portanto eu me sinto preparado para sofrer perseguição pela salvação que tenho nele."

Se Solomon reencontrasse aqueles que o atacaram, algo muito possível na savana africana onde hoje vive, diria o mesmo que Jesus falou na cruz: "Pai, perdoa-lhes". Seu desejo é que aqueles homens saibam que o Deus a quem desprezam também morreu pelos pecados deles.

Por meio da perseguição e do sofrimento, Solomon adquiriu uma fé mais preciosa que o ouro. Ele conta: "Levando em conta o que me aconteceu, é um milagre que eu tenha sobrevivido. Sei que minha vida está nas mãos de Deus, então o que ocorreu fortaleceu meu relacionamento com ele".

Foi esse tipo de fé diante da perseguição que Pedro, discípulo de Jesus, descreveu em 1Pedro 1.6-7: "Portanto, alegrem-se com isso, ainda que agora, por algum tempo, vocês precisem suportar muitas provações. Elas mostrarão que sua fé é autêntica. Como o fogo prova e purifica o ouro, assim sua fé está sendo experimentada, e ela é muito mais preciosa que o simples ouro. Isso resultará em louvor, glória e honra no dia em que Jesus Cristo for revelado".

Alegrar-se nas provações? Sim!

Jesus considerou motivo de alegria permanecer fiel à cruz e morrer pelos pecados da humanidade. Ao redor do mundo, o fogo do ódio atinge nossos irmãos e irmãs perseguidos como Solomon. Mesmo assim, eles permanecem firmes na fé, seja qual for o preço para isso, e experimentam profunda confiança e alegria por conhecer a Deus de uma maneira que somente os fiéis são capazes de conhecer.

Que firmemos nossa posição ao lado deles, orando por eles e alegrando-nos em uma fé genuína que dá louvor, honra e glória a Jesus.

19

Ousadia para falar a verdade

MUSA
Norte da África

A pergunta pairava no ar como palavras congeladas pelo medo.

Era um dia frio de fevereiro. Na construção, um colega de trabalho e grande amigo de Musa suspeitou do fato de seu amigo não querer se ajoelhar para orar nos horários estabelecidos, como faziam todos os outros.

— Por que você não para e ora quando chega o momento, como o restante de nós? É seu direito, e assim você pode descansar um pouco.

Para muitas pessoas do Ocidente, essa pergunta pode parecer insignificante. Mas a conversa aconteceu no norte da África, onde as regras do islã regem a vida das pessoas com mão de ferro. A não participação em práticas religiosas pode resultar em escárnio. Desafiar a fé pode levar a sofrimentos terríveis.

Musa percebeu: "É agora". Aquele era o momento que ele tinha para decidir se era por Cristo ou contra ele. Uma farsa ou o artigo genuíno. Se estava dentro ou fora.

Após uma longa pausa, ele olhou dentro dos olhos do amigo e começou a responder:

— A oração é uma conversa íntima com Deus e deve ser feita o tempo inteiro, dentro do coração, não em horários específicos usando as mesmas frases e posturas.

O amigo apertou os olhos.

— Você não está falando sério, está? — questionou, então deu uma risada nervosa. — Você brincando comigo, não é, meu amigo?

Musa fez que não com a cabeça. Ele não queria magoar o amigo, mas também não iria mentir.

— Estou falando muito sério. Sou seguidor de Cristo.

O amigo olhou em volta, como se desejasse que ninguém mais estivesse ouvindo. A negação se transformou em surpresa, e depois em raiva.

— Você perdeu a cabeça, Musa! — exclamou. — Agora é um *kafir*!

— Eu sou quem Deus quer que eu seja — respondeu Musa, confiante. — Ele quer o mesmo para você. Deus o criou e quer ter um relacionamento pessoal com...

— Cale a boca, Musa! Tenho orgulho de ser muçulmano. Você não merece minha amizade.

— Mas tenho esperança de continuar a ser seu amigo — disse Musa.

— Para mim, você está morto. Espero que se arrependa e volte para o caminho verdadeiro de Alá e seu profeta Maomé.

Então virou as costas e foi embora.

Alguns dias depois, o supervisor da construção chamou Musa em seu escritório e perguntou:

— É verdade? Agora você virou cristão?

— Sim — disse Musa, percebendo que o amigo o traíra.

— Então você está despedido por fazer proselitismo...

— Mas eu não tentei converter ninguém.

— Saia — ordenou o supervisão. — Nada de pensão, acerto de contas, nem salário do último mês. Suma daqui, seu traidor!

Enquanto voltava para casa, Musa refletiu sobre como sua vida seria mais fácil — mas não melhor — se ele não houvesse escolhido seguir a Cristo.

Quando tinha vinte e poucos anos, Musa começou a questionar a fé islâmica na qual fora criado. Começou a se sentir desconfortável com a visão muçulmana de justiça, que permitia que as pessoas fossem feridas e até assassinadas em nome de

Alá. Todavia, quase uma década se passou para que sua dúvida o levasse à fé em Cristo.

Aos 35 anos, casado e pai de três filhos, Musa fez algo que ninguém em sua família havia feito antes dele: aceitou a Cristo como Senhor e Salvador. Daquele momento em diante, ele sabia que havia se tornado um homem procurado. Mesmo que nunca tivesse dúvidas da decisão de seguir a Cristo, estava sempre atento ao seu redor.

Teve medo de contar à esposa, Farrah, sobre sua fé porque ela poderia deixá-lo e levar os filhos. Então começou a orar para que ela também percebesse a maravilha que é Jesus e o aceitasse. Começou a levar para casa livros cristãos retirados de uma biblioteca a quase 150 quilômetros de distância e a assistir a programas cristãos na televisão.

Quando finalmente contou a Farrah sobre sua fé em Jesus, ela se encolheu de medo:

— E se nossos parentes descobrirem? O que vamos fazer?

No entanto, logo depois de perceber uma mudança para melhor no marido, ela convidou Jesus para entrar também em sua vida. Por dois anos, o casal não contou a ninguém sobre a nova fé. Então Musa foi despedido de seu emprego na construção e estava preocupado em como iria sustentar a família.

Pouco depois de voltar para casa, o telefone tocou. Um homem ofereceu outro trabalho de pedreiro para Musa. Parecia um milagre.

— Podemos nos encontrar esta tarde?

"Eu achei que fosse a resposta para minhas orações", contou Musa depois. Contudo, ficou preocupado quando percebeu que o local do encontro era um prédio abandonado, não uma construção.

Ele fora para uma emboscada, não para uma oferta de emprego. Dois homens tentaram forçá-lo a ir para os fundos da propriedade, mas Musa se recusou a sair da estrada principal.

Então começaram a enchê-lo de perguntas sobre ter dado as costas a Alá. Em seguida, substituíram as palavras por socos — no estômago, no rosto e nas costelas. Musa começou a se perguntar se sairia dali vivo.

De repente, um carro se aproximou e parou. Os homens pararam de espancá-lo. Alguém abriu a porta do veículo e gritou:

— Entre! Vamos ajudá-lo.

Por incrível que pareça, as notícias sobre a fé e a demissão de Musa já haviam se espalhado pela pequena comunidade cristã, que se uniu em seu auxílio.

— Ele é *kafir*! — gritaram os homens que o atacaram enquanto o carro partia a toda velocidade. — É cristão e evangelista!

Dias depois, os mesmos dois homens foram até o bairro onde Musa morava e saíram contando que ele havia rejeitado Alá. Os vizinhos também se voltaram contra ele. Um deles declarou:

— Se você não for à mesquita e renunciar publicamente a seu Jesus, nós o despejaremos de sua casa. Você não é bem-vindo aqui se não for de Alá.

Mais uma vez, os cristãos foram ajudá-lo.

— Venha conosco — disse um deles. — Temos um lugar seguro para você e sua família morarem.

Então a família carregou suas posses na carroceria de uma caminhonete e deixou sua casa para trás.

"Eu me senti abençoado quando isso aconteceu", conta Musa. Na encruzilhada entre a verdade e a mentira, ele ousara escolher Jesus. Calculara o preço e tivera a coragem de colocar tudo em risco quando respondeu: "Sim, eu sigo a Cristo".

Essa escolha nos muda e nos abre para a experiência da alegria no Senhor. É por isso que o apóstolo Paulo foi capaz de sentir alegria e liberdade mesmo quando a perseguição se intensificou. Escreveu: "De agora em diante, que ninguém me perturbe com essas coisas, pois levo em meu corpo cicatrizes que mostram que pertenço a Jesus" (Gl 6.17).

Todos os dias, nossos irmãos e irmãs na fé perseguidos levam no corpo as cicatrizes do Senhor Jesus. Consideram motivo de alegria permanecer fiéis a ele, sem se importar com o preço. Assim como Musa, continuam fortes em suas convicções e fiéis à Palavra de Deus. "Quando a perseguição chegou", Musa conta, "minha fé foi provada e aprendi a confiar muito mais no Senhor."

Esse é o poder da alegria. Que o exemplo de nossa família em Jesus também nos dê coragem para nos dispormos a abrir mão de tudo por aquilo que realmente tem valor. Que sejamos ousados na escolha do Deus em quem confiamos e a quem servimos.

20

Alegria em lugar da amargura

GULNAZ

Paquistão

Gulnaz é uma jovem cristã casada que trabalhava em uma central telefônica. Certo dia, um muçulmano entrou para fazer uma ligação e se recusou a ir embora. Então começou a se aproximar sexualmente dela. Gulnaz lhe deu um tapa e ele foi embora prometendo que a faria pagar por seu "desrespeito".

Infelizmente, as jovens cristãs do Paquistão costumam beber um cálice muito amargo de sofrimento. Alguns homens sentem vergonhosa satisfação em exercer poder sobre tais mulheres. Eles as tratam como se não passassem de mercadorias para ser usadas e descartadas. Gulnaz sofreu esse tipo de abuso. Aquele que tentou atacá-la voltou e derramou ácido nela, causando graves queimaduras no rosto, no peito e nos braços de Gulnaz. Mas sua história de fé e alegria não deixaria de ser contada. Médicos cristãos ajudaram a tratar seus ferimentos, incluindo uma cirurgia que permitiu a reabilitação de seu braço mais severamente prejudicado.

Enquanto se recuperava vagarosamente das queimaduras, Gulnaz experimentou renovação e crescimento também na vida espiritual. Em vez de se concentrar no ataque que sofreu e nas cicatrizes terríveis que resultaram daquilo, ela e o marido mantiveram os olhos fixos em Deus. Recusaram-se a permitir que as circunstâncias os fizessem afundar em amargura. De sua tragédia, emergiu o triunfo do amor inspirado por Deus e da alegria em lugar do ódio.

Gulnaz e o esposo moram em um bairro pobre com esgoto a céu aberto nas ruas e pilhas de lixo por toda parte. Ao perceber as necessidades à sua volta, Gulnaz começou a testemunhar para as moças da região. Até começou um pequeno grupo de estudos bíblicos para elas.

Quando cristãos deram a Gulnaz e ao marido uma casa em uma região muito melhor da cidade, em vez de se mudar o casal entregou as chaves para um evangelista paquistanês que era forçado a viver fugindo depois que muçulmanos radicais começaram a alvejar seu ministério. Seria um lugar muito confortável para o casal morar, ou então poderiam vender a casa e usar o dinheiro de que tanto necessitam. Concluíram, porém, que o evangelista precisava da casa muito mais do que eles.

A generosidade e a alegria que expressam em meio à dor são uma inspiração para qualquer um que enfrenta o mais ínfimo indício de perseguição.

Em situações como a de Gulnaz, é fácil deixar que as circunstâncias ou pessoas que tentam nos controlar nos definam. Mas, se seguimos Jesus, nossa aprovação só vem dele. Romanos 10.11 nos lembra: "Quem confiar nele jamais será envergonhado". Jesus nos ama incondicionalmente e, ao nos concentrar nele, não nas circunstâncias, conseguiremos caminhar em meio à perseguição com alegria e esperança.

Todavia, nenhum de nós é capaz de permanecer firme pelas próprias forças. Paulo escreveu: "Sejam fortes no Senhor e em seu grande poder. Vistam toda a armadura de Deus, para que possam permanecer firmes contra as estratégias do diabo. Pois nós não lutamos contra inimigos de carne e sangue, mas contra governantes e autoridades do mundo invisível, contra grandes poderes neste mundo de trevas e contra espíritos malignos nas esferas celestiais" (Ef 6.10-12).

Nossa família global no corpo de Cristo necessita de nossas orações fervorosas pela proteção de Deus sobre sua vida.

Oremos para que, além de permanecer firmes na fé, também desenvolvam grande alegria no amor de Jesus por eles. Continuemos a rogar não só por proteção física, mas também por proteção espiritual nas batalhas que enfrentam. Que a alegria do relacionamento que têm com Jesus provoque um impacto sobre aqueles que os perseguem e os desprezam.

21

Fuga inexplicável

FARID

Afeganistão

Eram cinco da manhã. Dentro do apartamento, alguns homens barbados, com turbantes brancos ou beges em volta da cabeça, estavam sentados em círculo como se estivessem em torno de uma fogueira. O que os unia? Não o calor do fogo, mas, sim, a luz da Palavra de Deus. No chão, no meio do círculo, como o eixo de uma roda, ilustrações de histórias da Bíblia feitas a mão. Ali perto, um jarro turquesa de água e uma bacia de mesma cor, preparados para lavagem dos pés. Era um estudo bíblico.

Em um tom de voz pouco mais alto que um sussurro, Farid, o líder do grupo, orou: "Nós te agradecemos, ó Deus, por tua disposição em te reunires conosco nesta manhã. Agradecemos por tua presença em nosso meio".

Fora do apartamento, a paisagem rústica e acidentada do Afeganistão despertava com a primeira luz do dia. Os prédios da cidade se misturavam às íngremes montanhas altas além, coloridas em tons de areia e marrom. Era difícil dizer onde terminavam as obras humanas e onde começava a natureza.

Farid havia acabado de fazer uma introdução ao livro de Atos quando alguém bateu forte na porta. Antes que se pudesse reagir, intrusos com roupas escuras invadiram munidos de rifles e facas. Farid foi jogado ao chão. Suas mãos foram amarradas atrás das costas e uma faca foi colocada a centímetros de seu pescoço. Nenhum dos seis homens resistiu ao ataque.

Em meio ao pânico e à confusão, veio a clareza de uma oração: "Deus, se for minha hora de morrer, eu perdoo esses homens que querem me matar".

Na visão de Farid, é uma honra morrer para a glória de Deus. Se morresse, não queria o sangue dos invasores em suas mãos. "Minha vontade era que Deus os perdoasse e que eles conhecessem a Cristo em consequência de minha morte", contou depois.

Fechou os olhos, esperando a pontada de dor intensa e o fim. Quando nada aconteceu, sentiu que Deus queria que ele se levantasse e fosse embora. Então ficou de pé. Suas mãos não estavam mais amarradas. As tiras simplesmente caíram no chão. Farid caminhou em direção à porta, guardada por dois homens armados.

— Sente-se, seu cão — ordenou um deles. — Você não vai sair vivo daqui .

O outro apontou o rifle AK-47 para Farid e apertou o gatilho.

Clique. Nada. O rifle emperrou.

Clique. De novo.

A falha do rifle distraiu a atenção dos dois guardas e Farid fugiu. Enquanto saía correndo escada abaixo, pulando de três a quatro degraus por vez, ouviu disparos. Viu estilhaços de bala atravessando a parede atrás dele, mas escapou sem ferimentos.

Essa história de fuga é ainda mais surpreendente ao se levar em conta que nenhum de seus cinco colegas se feriu. Somente o líder do grupo terrorista se machucou ao receber um disparo acidental. Além disso, a polícia fez uma descoberta assustadora durante a investigação: dentro de uma bolsa, encontraram uma bandeira da al-Qaeda, duas espadas e uma filmadora.

De acordo com a polícia, os terroristas planejavam filmar a decapitação dos seis homens e mostrá-la na rede de televisão Al Jazeera. Ficou claro que os militantes sabiam que Farid estava ganhando afegãos muçulmanos para Cristo. A filmagem seria uma advertência para missionários, evangelistas e ex-muçulmanos de que eles morreriam se não parassem com o evangelismo e o discipulado. Embora a constituição do país diga: "Os seguidores de outras religiões são livres para exercer sua fé e realizar seus ritos religiosos dentro dos limites das provisões legais", a violência prevalece sobre a lei.

"O Afeganistão é um país muçulmano, e os homens que lutam em prol do islã têm feito esse tipo de ameaça há quase três décadas", explicou Farid. Como os seguidores de Jesus de lá sabem muito bem, "eles não gostam de pessoas não muçulmanas que chegam para pregar. No Alcorão está escrito que, se uma pessoa rejeita o islã, é preciso matá-la".

O que os terroristas queriam realizar naquela manhã não aconteceu. Cabeças não rolaram. Sangue não foi derramado. O único dano ocorreu entre eles mesmos, muito embora nenhum dos seis cristãos tenha resistido com violência.

Em vez disso, os seguidores de Jesus tiveram ainda mais um motivo para se alegrar no poder extraordinário de seu Deus soberano. Não é de se espantar que Paulo tenha se regozijado em meio ao sofrimento e escrito acerca de seu desejo de "conhecer a Cristo e experimentar o grande poder que o ressuscitou. Quero sofrer com ele, participando de sua morte" (Fp 3.10).

O poder da ressurreição dá a todos que seguem Jesus motivo de grande alegria. Esse poder opera na vida de cada seguidor de Cristo que corre risco de perseguição e sofrimento a fim de andar fielmente a seu lado. Que dádiva é saber e crer que nosso Deus não tem limites e que ele está no controle de tudo o que nos acontece! Que nos unamos a nossos irmãos e irmãs em Cristo perseguidos e nos alegremos no poder e na fidelidade de nosso Senhor soberano. Que nossa alegria em Cristo aumente cada vez mais, à medida que crescemos em confiança e fé nele.

22

O ex-curandeiro

ABDUL MASIH

Nigéria

Abdul Masih era um curandeiro muçulmano de etnia *fulani*. Na década de 1980, quando jovem, viajava de vila em vila prescrevendo remédios de ervas e recitando encantamentos sobre pessoas doentes ou feridas. Foi a curiosidade inata sobre os seres humanos que o levou a essa prática. "O que as torna doentes?", ele se perguntava. "O que as cura?"

Depois de cinco anos atuando como curandeiro, a mesma curiosidade o levou a fazer questionamentos sobre os cristãos. "Que Deus eles adoram? Em que acreditam? Em que são diferentes de nós, muçulmanos?"

Começou sua busca lendo o que o Alcorão dizia sobre "Isa", nome usado para se referir a Jesus naquele livro. Ficou surpreso ao descobrir que o Alcorão faz menos referências a Maomé, o autor da obra, que a Jesus. Isso o preocupou.

Então iniciou uma busca secreta por cristãos para aprender mais. Não foi fácil, pois no estado de Katsina, onde morava, os cristãos são tão raros quanto flocos de neve. Mas conseguiu achar alguns e pediu para falar com o pastor.

É compreensível que tenham ficado desconfiados e até com medo. Os muçulmanos da Nigéria atacam cristãos com frequência. A princípio, aqueles fiéis acharam que Abdul tinha a intenção de expô-los e persegui-los. Com o tempo, porém, convenceram-se de que o interesse pela fé era genuíno e o levaram à casa do pastor.

O pastor também ficou receoso. Um curandeiro muçulmano se encontrando com um pastor cristão? Ele não gostou nada daquilo. Aliás, quando Abdul apareceu, o pastor se recusou a vê-lo. Mas Abdul não se deixaria deter. Estava tão ávido por se encontrar com o pastor que apareceu na casa dele às quatro da manhã.

Surpreso, mas também impressionado, o pastor relaxou. "Esse curandeiro está em uma busca sincera pela verdade", percebeu. Os dois começaram a se encontrar regularmente. Após seis semanas, Abdul professou sua fé em Jesus.

A notícia da conversão de Abdul se espalhou rapidamente. Boatos de que ele havia aceitado 250 mil nairas (cerca de 1.500 dólares) para se tornar seguidor de Jesus e dera seu Alcorão para os "infiéis" queimarem despertaram ira intensa entre os muçulmanos locais. A fim de proteger Abdul, os líderes da igreja organizaram que ele deixasse a cidade.

Quando os rumores chegaram à vila natal de Abdul, seu irmão resolveu matá-lo para proteger a honra da família. Descobriu a nova vila na qual Abdul estava morando e correu para lá. Ao ver o irmão, Abdul achou que algo havia acontecido com seus pais e que o irmão fora lhe dar a notícia.

— Não é por isso que estou aqui — afirmou o irmão. — Só quero confirmar se o que ouvi é verdadeiro. Se for, vou executá-lo e voltar para casa.

— Você quer matar seu próprio irmão? — perguntou Abdul.

O irmão assentiu com a cabeça.

— Sim, eu sou cristão — explicou Abdul.

— Por que você aceitou a mísera soma de 250 mil nairas para se converter de sua fé e deu seu Alcorão para os infiéis queimarem?

— Isso é mentira! — falou Abdul. — Eu não fiz nada disso.

O irmão de Abdul não o matou naquele dia. Aliás, com o tempo, ele também aceitou Jesus como seu Senhor e Salvador.

Além disso, todos os filhos de seu irmão aceitaram a Cristo, inclusive um que hoje estuda em um seminário e planeja se tornar pastor.

A vida para essa família de seguidores de Jesus no norte da Nigéria não é fácil. A lei islâmica da Xaria governa a terra, e o compartilhamento público da fé pode ser perigoso. Contudo, eles continuam a falar de Cristo discretamente com todos aqueles que se dispõem a ouvir.

Abdul descobriu que tem um vínculo especial com os clérigos muçulmanos, que sempre ouvem sua mensagem. "O clérigo entende a gente, e a gente o entende", explicou Abdul, "porque, lá no fundo, ele sabe a verdade." A mesma verdade, o mesmo poder que transformou um médico-feiticeiro em evangelista para Cristo também é capaz de transformar o coração de um clérigo muçulmano.

No entanto, há outros muçulmanos que continuam hostis em relação a Abdul. Extremistas islâmicos tentaram matá-lo pelo menos três vezes. "Não há medo em meu coração", contou ele. Em vez disso, há contentamento, esperança e até alegria na oportunidade que a perseguição gera para a glória de Cristo. "Sei que, se morrer, irei ter com o Senhor. Portanto, não tenho medo da morte. Meu maior desejo agora é ser um instrumento para pregar o evangelho do Senhor Jesus a fim de que os muçulmanos ouçam."

E uns poucos realmente o fazem. Quando alguém dá o passo de fé em Jesus, Abdul se alegra, mas não esconde o que o novo fiel enfrentará nos dias à sua frente. "Você veio para sofrer", diz ele, e muitas vezes compartilha as palavras de 2Timóteo 3.12: "Todos que desejam ter uma vida de devoção em Cristo Jesus sofrerão perseguições".

A promessa de perseguição é difícil, mas não diminui a alegria de seguir Jesus. Para os que depositam sua fé em Cristo, a esperança se encontra muito além da segurança, das facilidades e dos confortos deste mundo. Está muito além do tratamento que recebemos dos outros nesta vida.

Para o seguidor de Jesus, a verdadeira esperança repousa na força do Deus que nos sustenta neste mundo e que nos preparou uma morada no céu. Verdadeira alegria toma conta de nós quando nossas afeições se encontram tão firmes na eternidade que consideramos um privilégio toda aflição que nos sobrevenha por causa de nosso compromisso com Cristo.

Que, pela graça de Deus, comecemos a enxergar as perseguições como oportunidades de servir e honrar nosso Salvador. Que aceitemos a perseguição com o coração repleto de alegria e esperança. Que as necessidades e lutas de nossos irmãos e irmãs em Cristo que enfrentam as durezas da perseguição hoje sempre estejam em nosso coração e em nossas orações.

23

Não mais nos bastidores

AKHOM E HASSANI

Egito

Aquela noite não seria como as outras. Algo grandioso estava acontecendo. Os idosos que normalmente se reuniam nos cafés de esquina todas as noites para fumar narguilé e se entreter com jogos de tabuleiro não estavam lá. No lugar deles, centenas de cristãos egípcios começaram uma caminhada pacífica pelas ruas do bairro copta de Mokattam.

Juntos, caminharam para marcar o fim dos quarenta dias de luto após os confrontos sectários que haviam matado 27 pessoas, a maioria delas seguidoras de Jesus. Sem saber que preço pagariam, identificaram-se orgulhosamente como seguidores de Jesus em um mundo muçulmano. Ao andar em comunhão, faziam uma declaração poderosa a qualquer um no mundo que estivesse prestando atenção.

Desde a revolução de janeiro-fevereiro, que deixara mais de oitocentos mortos e seis mil feridos, o Egito se encontrava varrido por um tumulto de ordem social, política e cultural. Parecia que, por toda parte, as pessoas estavam defendendo aquilo em que acreditavam — ou se levantando para silenciar as crenças alheias.

A comunidade cristã do Egito tem sofrido repetidos ataques desde a revolução de 2011, tanto por militares do país quanto por extremistas islâmicos. Esse nível de perseguição tem chocado a comunidade cristã egípcia. Alguns dos ataques ocorreram em Mokattam. Num deles, no dia 8 de março de 2011, dois primos foram gravemente feridos.

Akhom, 21 anos, se considerava cristão, mas sabia que sua vida espiritual era mais uma formalidade que um compromisso sério. Certa noite, envolveu-se em uma situação que rapidamente passou da paz à confusão. Homens começaram um ataque jogando pedras, tijolos e cacos de vidro de um prédio de seis andares. Os conflitos tiveram início. De repente, um homem disparou três tiros no rosto de Akhom e um em seu estômago. Seu primo Hassani também foi ferido com um corte de facão no rosto.

Ambos sobreviveram — um milagre, conforme consideram alguns. Enquanto se recuperavam no hospital — um tratamento possibilitado por cristãos que custearam as despesas médicas e os apoiaram em oração —, eles perceberam um milagre ainda maior. O ataque brutal que sofreram e os ferimentos terríveis que ainda carregavam no corpo os levaram a entregar completamente a vida a Jesus.

O queixo despedaçado de Akhom precisou ser estabilizado e ancorado por parafusos. Sua barriga tem cicatrizes da bala e das incisões feitas para retirá-la. Mas a destruição do corpo levou a uma renovação de seu espírito.

"O ataque me ajudou a me aproximar de Deus", conta. "Eu estava distante do Senhor, fazendo coisas ruins e levando uma vida de pecado. Enquanto me recuperava, pedia constantemente ao Senhor que me transformasse e trouxesse mais perfeição para o meu coração."

A dor que suportou não foi sem significado; foi uma dor inundada da alegria de um relacionamento mais íntimo com Jesus.

"A perseguição faz parte da nossa fé", afirma Akhom. Ao falar da vida de Jesus, explicou: "Ele foi perseguido e nos disse que sofreríamos neste mundo. Mas garantiu que soubéssemos que ele venceu o mundo, por isso podemos seguir seu exemplo. Precisamos nos alegrar naquilo que a Bíblia nos conta. Se há perseguição em nossa vida, é um privilégio. Quer dizer que estamos no caminho certo. Não conseguíamos enxergar isso antes, mas agora percebo que o Senhor permitiu que passássemos por essas provações. Serviu para o fortalecimento de nossa fé".

Hassani passou por uma transformação semelhante. Seus ferimentos exigiram meses de cirurgias dolorosas de reconstrução da face. Contudo, ocorreu uma "cirurgia reconstrutora" ainda mais significativa em seu coração.

"Antes do ataque, eu não tinha tempo para passar com o Senhor em oração", recorda. "Deus não estava em minha vida. Eu não o conhecia como o Bom Pastor. Após o ataque, porém, passei a ter uma nova visão. Meu coração se abriu para reconhecer a graça do Senhor. Agora eu o vejo como o Bom Pastor graças ao milagre que é eu estar vivo!"

Com alegria, ele agradece a Deus pelas orações e pelo auxílio médico que outros cristãos ofereceram durante seu período de necessidade.

"É exatamente como a Bíblia diz", conta Hassani. "Jamais me esquecerei da bênção que Deus me enviou. Por causa dele, estou vivo. Ele foi misericordioso comigo."

Agora, Hassani relata que deve fazer o mesmo com aqueles que o atacaram. Ele procura seguir o exemplo de Jesus. "Porque Deus os chamou para fazerem o bem, mesmo que isso resulte em sofrimento, pois Cristo sofreu por vocês. Ele é seu exemplo; sigam seus passos. Ele nunca pecou, nem enganou ninguém. Não revidou quando foi insultado, nem ameaçou se vingar quando sofreu, mas deixou seu caso nas mãos de Deus, que sempre julga com justiça" (1Pe 2.21-23).

Hassani e Akhom não ficam mais em sua "zona de conforto", sentindo o vazio de um compromisso parcial com Jesus. Eles escolheram confiar em Jesus e assumir seu posicionamento em um país no qual essa mensagem não é bem-vinda. Prosseguem na confiança de 2Timóteo 1.7: "Pois Deus não nos deu um Espírito que produz temor e covardia, mas sim que nos dá poder, amor e autocontrole".

Munido do poder do amor de Deus e cheio da alegria de conhecer Jesus, Hassani falou em nome dos dois quando disse: "Estamos orando pelos perseguidores que nos matam, para que conheçam a verdade. Lamento por eles e por todos que estão longe do Senhor. Na verdade, são *eles* que estão sofrendo".

MÁRTIRES NA HISTÓRIA

MEHDI DIBAJ
1935–1994
Irã

Sempre invejei aqueles que sofreram martírio por Cristo Jesus, nosso Senhor. Que privilégio viver pelo Senhor e também morrer por ele! Sinto-me transbordante de alegria. Não só estou satisfeito por estar na prisão [...] como também estou pronto para dar minha vida por causa de Jesus Cristo.

Mehdi Dibaj

Após ser preso em 1984, o reverendo Mehdi Dibaj passou nove anos na cadeia. Mesmo lá, considerava um privilégio viver para seu Senhor e sempre se mostrava cheio de alegria diante da perspectiva de também morrer por ele. Por fim, no dia 3 de dezembro de 1993, Dibaj se dirigiu ao tribunal da cidade de Sari e se defendeu por aderir ao cristianismo. "Estou pronto para dar minha vida por causa de Jesus", disse. Em sua defesa, falou sobre as quatro acusações que a corte fizera contra ele:

> Eles dizem: "Você era muçulmano e se tornou cristão". Isso não é verdade. Por muitos anos eu não tive religião. Após buscar e estudar, aceitei o chamado de Deus e cri no Senhor Jesus Cristo a fim de receber a vida eterna. As pessoas escolhem a própria religião, mas eu sou um cristão escolhido por Cristo, que disse: "Você não me escolheu, mas eu o escolhi".
>
> Eles dizem: "Você é muçulmano por nascimento". Deus disse: "Você é cristão desde o princípio". Ele declara que nos escolheu há milhares de anos, antes mesmo da criação do universo, para que, pelo sacrifício de Jesus Cristo, sejamos dele.

> Eles dizem: "Volte". Mas a quem posso voltar, senão para os braços de Deus? Seria certo aceitar o que as pessoas falam, em vez de obedecer à Palavra de Deus? Faz 45 anos que caminho com o Deus dos milagres, e sua bondade sobre mim é como uma sombra. Muito lhe devo por seu amor e cuidado paternais.
>
> São contrários a meu trabalho de evangelismo. Mas se alguém encontrar uma pessoa cega prestes a cair dentro de um poço e não falar nada, ele pecou. É nosso dever, enquanto a porta da misericórdia divina está aberta, convencer os que praticam o mal a se afastar de seus caminhos pecaminosos e encontrar refúgio nele.

Cerca de três semanas após Dibaj fazer sua defesa, o tribunal o declarou culpado de apostasia por abandonar o islã e tornar-se adepto do cristianismo. Ordenaram sua morte. Dibaj era discípulo de Jesus havia 45 anos quando a corte o condenou à pena capital.

Consternado pela sentença de Dibaj, um ministro natural da Armênia, o bispo Haik Hovsepian, contou à imprensa sobre aquilo que considerava uma injustiça indescritível. Ele achava que se houvesse bastante pressão pública sobre as autoridades islâmicas, elas voltariam atrás na sentença de Dibaj.

Sabia que seu esforço criava grandes riscos, mas disse: "Se formos para a prisão ou morrermos por causa da fé, queremos que todo o mundo cristão saiba o que está acontecendo com seus irmãos e irmãs".

Em 16 de janeiro de 1994, os esforços de Hovsepian deram frutos. Dibaj foi solto. Mas a alegre celebração durou pouco. Três dias depois, Hovsepian desapareceu. Semanas se passaram antes que as autoridades relatassem que ele fora morto. Após cinco meses, Dibaj foi sequestrado e morto a caminho da festa de aniversário de sua filha. Extremistas muçulmanos mataram também o reverendo Tateos Michaelian, o substituto de Hovsepian como presidente do Concílio de Ministros Protestantes.

No entanto, aquilo que, na visão das autoridades islâmicas, silenciaria e intimidaria a igreja global, sobretudo os muçulmanos conversos ao cristianismo, acabou tendo efeito contrário. Esses martírios chamaram a atenção de mais iranianos para o evangelho e levou a um número crescente de conversões do islã ao cristianismo. Hoje, mais muçulmanos estão aceitando a Cristo do que nunca antes na história da igreja. Sim, há alegria em abrir mão de tudo por Jesus.

Parte IV

PERSEVERANÇA

Todos os odiarão por minha causa, mas quem se mantiver firme até o fim será salvo.
Marcos 13.13

Do início ao fim, a Bíblia se encontra cheia de promessas para aqueles que buscam fielmente conhecer e servir ao Deus vivo. Com frequência, procuramos tais promessas de encorajamento quando deparamos com dificuldades na vida, sobretudo quando enfrentamos desafios em nossa caminhada com Deus. Mas veja o que diz a promessa de 2Timóteo 3.12: "Todos que desejam ter uma vida de devoção em Cristo Jesus sofrerão perseguições". E Marcos 13.13: "Todos os odiarão por minha causa, mas quem se mantiver firme até o fim será salvo".

Que promessas! A certeza de perseguição não é o tipo de encorajamento que a maioria de nós espera encontrar na Palavra de Deus. Mas se a perseguição é a realidade de todos que vivem uma vida centrada em Cristo, então sem dúvida necessitamos de ânimo. Precisamos aprender como suportar até o fim. Perseverar pela causa de Jesus Cristo quer dizer permanecer firmes e resistir a qualquer oposição que se levantar contra nós. A imagem que vem à mente é a da pessoa que fica em pé contra uma forte corrente de vento ou firma o corpo em um rio e resiste a uma correnteza poderosa.

Os seguidores perseguidos de Jesus aprendem depressa que é impossível perseverar pelas próprias forças. Jesus sabia que seria assim. Durante a última refeição pascal que compartilhou com seus discípulos, ele falou sobre como seria necessário que permanecessem em um relacionamento com ele, a fim de receber vida. Disse sem rodeios: "Permaneçam em mim, e eu permanecerei em vocês. Pois, assim como um ramo não pode produzir fruto se não estiver na videira, vocês também não poderão produzir frutos a menos que permaneçam em mim. Sim, eu sou a videira; vocês são os ramos. [...] sem mim, vocês não podem fazer coisa alguma" (Jo 15.4-5).

Se queremos ser seguidores de Jesus que permanecem firmes a serviço dele, nós também precisamos permanecer nele. Devemos estar enraizados no caráter e na Palavra de Deus. Devemos nos apegar a esse relacionamento, crescendo em proximidade, vivenciando mais de quem ele é e descobrindo o que significa andar com ele pela fé. À medida que nossa intimidade com Deus cresce, sua força nos dá poder para obedecer e suportar a tudo fielmente, seja qual for o preço.

Davi tinha um coração que buscava com todo fervor um relacionamento com Deus. Em Salmos 40.1-2, ele escreveu sobre a força que esse relacionamento lhe dava diante da dor e da adversidade: "Esperei com paciência pelo SENHOR; ele se voltou para mim e ouviu meu clamor. [...] Pôs meus pés sobre uma rocha e firmou meus passos".

José, patriarca bíblico, passou muitos anos escravizado e preso. Apesar do sofrimento que suportou nas mãos daqueles que o maltrataram, que mentiram para ele, que se esqueceram dele, Deus estava a seu lado (Gn 39.2). Em vez de tirar José do sofrimento, Deus lhe deu poder para permanecer firme, aprender a confiar nele e lhe obedecer em tudo. Mais tarde, José desempenhou papel importante nos planos e propósitos de Deus para o estabelecimento da antiga nação de Israel.

Todos os dias, no Iraque e em outros países onde os extremistas islâmicos exercem controle, os seguidores de Jesus se mantêm firmes e confiantes em seu compromisso com Deus e cumprem em obediência o propósito divino para sua vida. Pagam um alto preço por perseverarem na fé. Suportam hostilidade ferrenha, crueldade brutal e atrocidades impensáveis. Mesmo assim, permanecem fiéis a Deus. À medida que lê as histórias desses cristãos, observe como a força do relacionamento com seu Senhor e Salvador lhes dá poder para correr "com perseverança a corrida" que foi posta diante deles (Hb 12.1).

24

Oração para fugir e para perseverar

ABDI

Somália

Quando os captores começaram a espancar Abdi, tiraram a venda de seus olhos. Queriam que ele visse por que a cela subterrânea onde estava cativo cheirava tão mal. Queriam despertar seu medo. E funcionou.

Pá! Abdi nunca se esquecerá da visão macabra de três corpos mortos empilhados, contorcidos em um canto. Estremeceu de terror, esperando o próximo golpe.

Pá! Mais uma batida com o bastão de madeira em suas costas.

"Deus, salva-me", sussurrou. "Salva minha vida."

Pá! Tudo ficou escuro.

Na noite anterior, Abdi fora dormir em sua casa de um cômodo só, com a esposa e os três filhos perto dele. Aguardava ansioso pela oportunidade de mais um dia para viver por Deus e ser fiel a tudo o que o Senhor tinha reservado para ele. No entanto, Abdi adormeceu na Somália, onde muitas pessoas enxergam a Bíblia como más notícias, não como boas-novas.

Abdi acordou subitamente com o barulho de botas no chão de concreto. Como se tivessem saído de um pesadelo, quatro soldados do grupo al-Shabab vestidos de preto estavam apontando rifles AK-47 e outras armas russas em sua direção.

— Levante-se, apóstata! — ordenou um deles.

Os outros foram vasculhar as posses da família, em busca de algo. A esposa de Abdi se encolheu em um canto, e os filhos começaram a chorar.

Um soldado colocou a ponta da arma mais perto de sua cabeça.

— Qual é sua profissão, verme? — o intruso perguntou. — Onde você trabalha?

De repente, outro soldado vasculhou a bolsa dele e arrancou páginas da Bíblia de lá, com uma cruz em destaque em cada uma delas. Outro soldado agarrou Abdi pelo pescoço e o puxou para fora. Os outros dois o jogaram ao chão, amarraram suas mãos atrás das costas e colocaram uma venda em seus olhos. Ele sabia que bastava possuir páginas de uma Bíblia para ser levado à prisão ou à morte.

Forçaram Abdi a entrar em um caminhão e partiram a toda velocidade.

A esposa de Abdi entrou imediatamente em contato com seus amigos cristãos.

— Por favor, orem muito! — disse ela. — Abdi foi levado. Orem para que ele consiga fugir.

Horas depois, a tortura de Abdi começou.

— Onde você conseguiu isso? — perguntou um dos captores, rasgando as páginas da Bíblia. — Você conhece outros como você? Onde eles estão?

Pá! Mais uma batida em suas costas com o bastão de madeira. *Pá!*

Então vieram a oração e o alívio temporário da inconsciência.

Durante cada dia que se seguia, Abdi suportava aquilo que parecia uma dor sem fim.

O fedor da cela piorou, pois não havia banheiro. Dez dias depois, os soldados retiraram os cadáveres já bastante decompostos a fim de abrir espaço para mais dois prisioneiros. A chegada deles fez Abdi ver uma fagulha de luz em meio às trevas.

Certo dia, os guardas permitiram que os três homens saíssem por algumas horas. Grato por poder respirar ar fresco, Abdi analisou o complexo com muros de barro e percebeu algo que seus colegas de cela também notaram: uma parede pela qual poderiam escapar.

Naquela noite, na cela, elaboraram um plano de fuga, já que não tinham nada a perder. Eles sabiam que precisariam de uma oportunidade especial para que desse certo. E ela apareceu.

Várias noites depois, os guardas deixaram a porta aberta por acidente. O trio aguardou alguns minutos e saiu correndo da cela direto para o muro.

Quando estavam lá, soldados começaram a atirar. Um dos prisioneiros caiu. Abdi e o outro passaram por cima do muro e correram o máximo que podiam noite adentro, passando por vielas estreitas para se esquivar dos soldados que os perseguiam.

Em casa, o telefone tocou. A esposa de Abdi quase desmaiou quando escutou a voz que imaginou jamais ter a chance de ouvir novamente.

— Não pode ser! — ela exclamou. — Onde você está? Está vivo mesmo?

Ela chorava e gritava de alegria, então foi correndo encontrá-lo e levá-lo para o hospital.

Abdi estava com vários ossos quebrados. Seu braço foi engessado. Enquanto se recuperava, continuou a confiar em Jesus. Quase um ano depois, ainda sentia a dor do cárcere e da fuga — e a paz de Cristo em seu interior.

"Fiquei feliz ao passar por tudo isso, pois agora sou mais forte espiritualmente", disse ele. "As pessoas oraram por minha fuga. Foram essas preces que salvaram minha vida."

Abdi se tornou líder da comunidade cristã somali e ficou conhecido por sua fé forte e perseverante. Ele também conduziu muitos muçulmanos a Cristo. Sua perseverança em servir a Cristo não passou despercebida. Embora tomasse cuidado em sua forma de viajar e fosse cauteloso para não expor a família, Abdi pagou o preço mais alto por seu testemunho manifesto em dezembro de 2013. Enquanto dirigia para o trabalho, membros do al-Shabab cercaram seu carro e dispararam uma chuva de balas.

Policiais tiraram seu corpo sem vida do banco do motorista. Abdi havia escapado antes, mas, dessa vez, perseverou até o fim. "Todos os odiarão por minha causa, mas quem se mantiver firme até o fim será salvo" (Mc 13.13).

Que oremos sem cessar pelos membros perseguidos de nossa família que tanto suportam por causa da fé em Jesus. Nossa esperança repousa em nosso Deus todo-poderoso, que provê tudo de que precisamos para professar seu nome em qualquer situação e que é capaz de fazer aquilo que não conseguimos. Temos o privilégio de nos posicionar ao lado de nossos irmãos e irmãs em Cristo e orar, tanto para que consigam fugir quanto para que perseverem em meio ao sofrimento, conforme a vontade de Deus.

25

O menino que não cedia

HUSSEIN B.
Turquia

Em sua escola na Turquia, Hussein, 9 anos, tateava empolgado o fecho de seu colar. Após colocá-lo em volta do pescoço, ajeitou o pendente de cruz. Sentia orgulho de mostrar a seus professores e colegas de escola sua nova fé cristã.

Mas o sentimento não seria recíproco.

Em sua inocência, Hussein não sabia que 96% dos turcos são muçulmanos. Embora muitos tenham uma religião apenas nominal, a maioria acredita que todos os turcos devem ser muçulmanos. Ele não sabia que professar outra fé religiosa era algo culturalmente inaceitável. Não sabia que, apesar das alegações governamentais de tolerância religiosa, os seguidores de Jesus não são bem-vindos em muitas partes de seu país.

Hussein não sabia de nada disso na manhã em que colocou o colar de cruz pela primeira vez. Só sabia que seu pai, ex-erudito islâmico, amava Jesus, e ele também. Sua fé era tão real quanto a cruz que acabara de colocar em volta do pescoço.

"Eu me senti tão cheio de vida ao ouvir os hinos e cânticos na igreja!", conta, ao falar sobre o primeiro culto de que participou. "Senti que precisava aprender mais sobre aquilo. Estava tão contente! E pensei que talvez aquela fosse minha última vez na igreja. Então abri o hinário e tive a ideia de arrancar as páginas para levá-las comigo. Não fiz isso, mas queria muito fazer!"

Um ano depois, ele decidiu colocar o colar de cruz, em parte porque pensou que pudesse ser uma boa forma de falar com os outros alunos sobre sua fé. "O importante não é a cruz física, mas seu significado", disse posteriormente o menino precoce. "Há beleza nela. Eu queria que as pessoas me perguntassem para que eu pudesse lhes contar sobre Cristo."

Mas ele não previu o perigo que a cruz em volta de seu pescoço provocaria. Alguns estudantes cuspiram na cruz. Outros o xingaram. "*Kafir* fedido!", gritaram. E o ameaçaram por ter aderido à terrível "religião do Ocidente".

Uma de suas irmãs contou aos pais sobre a cruz.

— Hussein está dizendo a todos que somos cristãos!

Seu pai, Hakeem, se preocupou.

— *Nunca* conte às pessoas que você se tornou cristão — advertiu. — Não queira nos colocar em apuros. Não use isso mais na escola!

Depois, porém, Hakeem e a esposa perceberam que era errado forçar o filho a esconder a fé. Reconheceram que era isso que ambos faziam e que a ousadia do filho, por mais ingênua e idealista que fosse, deveria ser celebrada, em vez de condenada.

"Estávamos tentando evitar conflitos com os outros, mas chegamos à conclusão de que éramos nós que tínhamos um problema", contou Hakeem. "Então decidimos ser como Hussein, mais abertos em relação ao fato de sermos cristãos."

Embora os pais agora apoiassem o desejo de Hussein de contar aos outros sobre sua fé, os colegas de classe continuaram a implicar com ele. Hussein ameaçou ir à diretoria se o abuso não parasse. Um garoto o agarrou pelo braço, apertou sua mão com força e advertiu:

— Vou *atirar em você* se contar aos outros sobre isso.

Depois que Hussein relatou o ocorrido em casa, Hakeem procurou o pai do outro menino. "Achei que o pai ficaria preocupado com os atos do filho", conta. "Em vez disso, ele me chamou de *kafir*, me ameaçou e disse que ele próprio atiraria em mim caso eu tomasse alguma providência contra o filho dele."

Assim, os ataques continuaram. Uma gangue de meninos pulou em Hussein, jogou pedras nele e lhe bateu com pedaços de pau. Ele gritou de dor enquanto um garoto o arrastou pela camisa no chão. O ataque só cessou quando Hakeem chegou para pegar o filho.

A oposição à fé de Hussein foi ficando cada vez mais forte. Quando Hakeem perguntou ao filho se ele ainda estava apanhando, o garoto respondeu que sim.

— Quem está batendo em você? — o pai quis saber.

— Meu professor de religião — respondeu Hussein.

O professor de religião de Hussein era um imã, um líder islâmico que conduzia a adoração na mesquita da região. Todos os seus alunos eram obrigados a escrever e recitar a *chahada*: "Não há deus além de Alá, e Maomé é seu profeta".

Hussein se recusava a fazer isso. Em resposta, o professor lhe batia diversas vezes com uma vara de madeira. O menino suportou várias surras por insistir em não recitar a *chahada*.

"Ela não está no meu coração", diz Hussein. "São só palavras sem significado para mim."

Após três semanas recebendo as surras, Hussein teve uma convulsão. Depois outra. E mais outra. Quando Hakeem foi até a escola confrontar o professor, encontrou o homem em pé na frente do filho, segurando a vara.

O professou encarou Hakeem e disse em tom gélido:

— Você está ciente de que seu filho tem usado uma cruz na escola? Vocês são cristãos?

— Sim e sim — respondeu Hakeem.

— Isso é contra o islã! — declarou o professor.

— Por que você está punindo meu filho por não recitar uma oração muçulmana? Castigos físicos são permitidos?

— Sim. E o diretor e os pais concordam que eu devo fazê-lo.

Hakeem e a esposa transferiram o filho para outra escola, e depois para mais outra, até encontrar uma onde Hussein sofresse menos ataques. Aos 11 anos, o menino permanece firme na fé: "Nunca voltarei para o islã, mesmo se a perseguição continuar", afirma. "Cristo disse que sofreríamos por ele. Não há problema em sofrer por Cristo, e devemos ficar felizes em passar por isso. O Senhor está comigo."

Mesmo tão jovem, Hussein sabe que seu objetivo não é agradar a seres humanos, mas, sim, a Deus. Jesus ensinou: "Eu lhes digo a verdade: quem me reconhecer aqui, diante das pessoas, o Filho do Homem o reconhecerá na presença dos anjos de Deus. Mas quem me negar aqui será negado diante dos anjos de Deus" (Lc 12.8-9).

Não nos esqueçamos de nossos irmãos e irmãs — até mesmo crianças como Hussein — que são perseguidos por permanecer firmes na fé e, ainda assim, continuam perseverando. Ficaremos ao lado deles em seu sofrimento? Perseveraremos com eles em nossas orações e no apoio de que necessitam?

26

Profissão arriscada

JOHN
Nigéria

Na vila de Maseh, no estado de Plateau, na Nigéria, onde plantações e hortas separam as casas de adobe, o pastor John Ali Doro acordou e começou a se preparar para o dia. O pastor John desempenhava vários papéis na vida. Era líder de um grupo pequeno e muito comprometido de seguidores de Jesus. Era marido da mulher a quem amava. Tinha sete filhos e era avô de alguns meninos e meninas.

Sua vida era boa, mas nenhum pastor na Nigéria assume esse papel sem saber dos riscos. Os cristãos são a minoria entre os *fulanis* muçulmanos, grupo étnico que cria gado na região. Eles têm se tornado cada vez mais radicais e violentos nos ataques contra os cristãos. John sabia que grupos islâmicos radicais já haviam matado dezenas de pastores.

De repente, o barulho de tiros abalou a paz matinal. Gritos de terror atravessaram o ar.

— Os *fulanis* estão vindo! — alguém bradou.

O pastor John entrou em uma vala próxima para se esconder dos agressores armados. À distância, viu os *fulanis* atingindo a igreja. Era a maior construção da vila, e as pessoas haviam corrido para lá em busca de segurança. Chamas logo apareceram pelas janelas. Sem poder fazer nada, observou e escutou em agonia vários de seus irmãos e irmãs em Cristo — alguns deles, membros de sua família — gemerem enquanto queimavam até a morte.

— *Allahu akbar! Allahu akbar!* — gritavam os *fulanis*, palavras que significam "Deus é grande".

Então o pastor John ouviu um deles dizer:

— Vejamos se o Deus deles é capaz de salvá-los agora!

Depois que as Forças Especiais da Nigéria finalmente afugentaram os terroristas, o cheiro de carne humana foi um prelúdio da dolorosa revelação do que se encontrava dentro da igreja. Quarenta e quatro pessoas jaziam mortas, incluindo a esposa do pastor John, quatro de seus sete filhos e dois netos.

Mas o massacre não havia terminado.

No dia seguinte, durante o culto fúnebre em lamento pelos que haviam morrido, os homens armados retornaram. Abriram fogo contra os enlutados. Entre os mortos, encontravam-se um senador nacional e o líder da câmara estadual de Plateau. O pastor John ficou sabendo que dez outras vilas haviam sofrido ataques semelhantes no dia anterior, totalizando quase duzentos mortos.

O ponto em comum em todos os ataques? Os alvos eram cristãos.

Em casa, o pastor John tentava, sem sucesso, encontrar sentido em meio àquele caos. Era impossível. A amargura o tentou, e seu instinto era revidar na mesma moeda. Em vez disso, tomou uma decisão.

"Simplesmente entreguei toda a situação a Deus", conta. "Orei para que o Senhor ajudasse os *fulanis* a entender que aquilo era mal, a fim de pararem. Também pedi a Deus que me ajudasse, para que eu pudesse usar minha vida na propagação do evangelho, pois eu sabia que poderia ter morrido."

Em vez de desejar o mal para o grupo de extermínio, ele perdoou os homens que mataram sua família e seus amigos. Tem a esperança de que recebam salvação por meio de Jesus. E, muito embora o perdão traga cura, não apaga o sofrimento e a tristeza.

"É doloroso", diz o pastor John. "Quando eles fizeram tudo aquilo e eu perdi minha família, foi muito dolorido. Mas não há nada que se possa fazer para mudar a situação, além de entregá-la a Deus."

Buscando coragem para suportar a dor, ele mergulhou no livro de Jó, o relato bíblico de um homem que sofreu onda após onda de tragédias. "Jó perdeu tudo: riquezas, filhos, tudo menos a esposa", explica. "Mas não deu as costas para Deus. Essa história me ajudou não só a lidar com a situação, mas também a continuar a ser quem eu sou."

O pastor John se identificou tanto com a história de Jó que pregou diversos sermões sobre o livro após o ataque. Ele conta: "A mulher de Jó o incentivou a amaldiçoar a Deus e morrer, mas sua resposta foi que, nos dias em que o Senhor nos manda o bem, nós o aceitamos. Como então poderíamos nos recusar a aceitar as dificuldades? Tais pensamentos me deram ânimo e força".

As adversidades são inevitáveis na vida, mas elas não necessitam trazer derrota. A Palavra de Deus não promete uma vida segura e confortável para os seguidores de Jesus. Ela promete que, a despeito das tempestades certas da vida, Deus é maior que cada uma delas. "Aqui no mundo vocês terão aflições, mas animem-se, pois eu venci o mundo" (Jo 16.33).

Munido da força da Palavra de Deus, o pastor John continua orando pelos membros de sua igreja que perderam entes queridos durante o ataque. Permanece confiando em Deus e servindo a ele.

"Meu pedido é que Deus me ajude em minha vida cristã e como pastor", diz ele, "para que eu seja capaz de fazer aquilo que o Senhor me chamou a realizar e para que eu cumpra o propósito de Deus para minha vida."

A perseverança é uma das ferramentas sempre úteis que Deus colocou na caixa daqueles que lhe servem. A perseverança nos prova, nos blinda e nos forma, fazendo de nós as pessoas que Deus deseja que sejamos. O processo é fácil? Não. Assim como a areia na praia resulta do tumulto das marés e das ondas, nosso caráter é moldado pela dor e pelas dificuldades que suportamos pela causa de Jesus.

Quando problemas vierem em nossa direção — e eles virão, como o pastor John sabe muito bem — não fujamos deles, nem retaliemos. Confiemos em Deus e perseveremos pela fé, para que possamos cumprir o propósito que Deus tem para nossa vida.

27

Tudo começou com um jogo de futebol

HASSAN S. E PASTOR HAKIM

Argélia

Certa noite, em 1983, um grupo de argelinos observava turistas armarem suas barracas na província de Tizi Ouzou. "Era um lugar com muito vento, e eles estavam armando as barracas do jeito errado", recorda-se Hassan, que estava lá com vários amigos. "O vento levou tudo: as barracas e os pertences dos viajantes. Rimos deles e então fomos ajudá-los."

Um dos visitantes demonstrou gratidão pela ajuda e então, em tom amistoso, fez um convite incomum:

— Vocês nos dariam o prazer de jogar uma partida de futebol conosco amanhã?

Hassan se uniu aos amigos e respondeu:

— Nós adoraríamos, mas nosso melhor jogador está de cama, com febre. Sem ele, é bem provável que quase não dê jogo.

Um dos visitantes, com a sobrancelha erguida, perguntou:

— Podemos ver esse amigo de vocês? Gostaríamos de orar para que seja curado.

Dessa vez foram Hassan e os amigos que ergueram a sobrancelha. Oração? Cura? Deus interessado em um único indivíduo? Esses conceitos pareciam estranhos para os argelinos, mas ficaram intrigados pela oferta.

Naquela noite, os turistas oraram pelo jovem. De manhã, ele não tinha mais nenhum sintoma e jogou a partida. Impressionados, os argelinos começaram a fazer perguntas sobre aquela notável cura.

— Quem é esse "Pai" a quem vocês oram e que cura? — indagou Hassan.

Os turistas não eram missionários; eram simplesmente pessoas que amavam o Senhor e estavam ávidos por contar a respeito de sua glória. Explicaram sobre a graça, a salvação e o poder oferecido pela fé em Cristo, e então seguiram viagem. No que diz respeito ao cristianismo, porém, a Argélia não seria mais a mesma.

A Argélia é um país africano separado da Espanha, na Europa, pelo mar Mediterrâneo. No passado, foi o lar de Agostinho de Hipona, um dos mais influentes eruditos cristãos da história. No entanto, em tempos mais modernos, o cristianismo era praticamente desconhecido. Antes daquela partida de futebol, não havia livrarias cristãs na Argélia, nenhuma igreja nativa em funcionamento e praticamente nenhum acesso à Bíblia. Os únicos vestígios da influência cristã eram as igrejas abandonadas deixadas pela colonização francesa, que teve fim em 1962. Em geral, os únicos que frequentavam as igrejas eram católicos nascidos em outros países, que tinham permissão legal para praticar sua religião, mas eram proibidos de compartilhá-la com a população muçulmana.

Todavia, depois que os turistas foram embora, algo "milagroso" começou a acontecer. "Senti que as histórias que eles me contaram não eram fictícias, mas reais", relembra Hassan. "Senti vontade de deixar tudo e seguir Jesus." Hassan e outros argelinos começaram a buscar o Deus da Bíblia. O "milagre do futebol" recebe o crédito de ter dado início a uma explosão de fé em um país no qual os cristãos antes eram raros.

"Não dá nem para contar o número de pessoas que conheceu a Cristo por causa disso", conta Hassan. "Não sabemos como aconteceu, só que as pessoas aceitaram a fé e se entregaram a Deus."

Dentro de pouco tempo, o cristianismo prosperou e se tornou a religião que crescia com maior rapidez na Argélia.

Pressionado pelas nações islâmicas de linha dura, o governo argelino decidiu conter o crescimento do cristianismo e se opor aos seguidores de Jesus. Hassan e seus amigos foram presos diversas vezes. Mas ele e outros fiéis não se deixariam deter. Permaneceram fiéis, e o cristianismo continuou a se espalhar.

Anos — e décadas — se passaram, e o cristianismo continuou a ser um "problema" para os muçulmanos radicais. Por isso, em 2006, o parlamento da Argélia aumentou as restrições sobre organizações não islâmicas. A aprovação da Lei 06-03 limitou a adoração cristã a prédios registrados junto ao governo. A lei também restringe literatura não islâmica e estipula pena criminal para qualquer um que "incitar, forçar ou usar meios de sedução que tendam a converter um muçulmano a outra religião" ou que produza literatura ou material em vídeo destinado a "abalar a fé dos muçulmanos". Os transgressores enfrentam cinco anos de prisão e uma multa de 13 mil dólares.

A fim de cumprir essa lei, as autoridades da Argélia fecharam 26 igrejas — templos e igrejas em lares — em fevereiro de 2008, que não estavam registradas. Nenhuma nova igreja recebeu liberação governamental desde então.

Mas Deus não se cansa de fazer milagres. Conforme contou um pastor argelino: "Quando Deus diz que prosseguirá sua obra, é isso mesmo que ele faz. Temos muitos problemas, mas, vez após vez, conseguimos ver a mão de Deus em meio às dificuldades".

Pouco antes das restrições da Lei 06-03 entrarem em vigor, autoridades locais concederam permissão a um pastor para construir uma nova igreja no norte da Argélia. O pastor Hakim ficou todo empolgado ao receber a notícia. Em 2009, mais de trezentas pessoas frequentavam sua igreja para adorar a Deus — algo bastante raro em um país cuja população é 96% islâmica.

Mas extremistas muçulmanos retaliaram violentamente contra os seguidores de Jesus. Em dezembro de 2009, mais de vinte homens bloquearam a entrada da igreja e impediram as pessoas de irem ao culto de Natal. Dois dias depois, manifestantes arrombaram o prédio e roubaram os microfones e as caixas de som.

No mês seguinte, muçulmanos invadiram um culto, intimidaram a congregação e ameaçaram matar o pastor Hakim. Passada uma semana, manifestantes entraram no templo e o vandalizaram até a polícia chegar. Depois, voltaram e incendiaram toda a igreja, deixando uma bagunça chamuscada de Bíblias, hinários e uma cruz.

Mas a comunidade cristã não desanimou e reconstruiu a igreja. Mais uma vez, extremistas muçulmanos a vandalizaram. De novo, os seguidores de Jesus persistiram. Quando não conseguiam realizar batismos dentro do templo, batizavam os fiéis em piscinas infantis e banheiras na casa dos membros. A despeito dos obstáculos que enfrentam, continuam comprometidos em obedecer a Jesus de todas as maneiras possíveis.

A Bíblia nos lembra de que as dificuldades são o padrão esperado para a vida dos seguidores de Jesus. No entanto, aceitar essa realidade não significa admitir derrota. Conforme Atos 14.21-22 diz: "Depois de terem anunciado as boas-novas em Derbe e feito muitos discípulos, Paulo e Barnabé voltaram a Listra, Icônio e Antioquia da Pisídia, onde fortaleceram os discípulos. Eles os encorajaram a permanecer na fé, lembrando-os de que é necessário passar por muitos sofrimentos até entrar no reino de Deus". A convicção nessa realidade nos fortalece à medida que perseveramos na fé, onde quer que vivamos.

28

Aproveitando as segundas chances

HUSSEIN A.

Irã

Ele era viciado em drogas. O líder de uma gangue de falsificação. Um rosto conhecido pelas prostitutas. E, enquanto olhava do alto de um dos vários arranha-céus de Teerã, lembrou-se de como havia pensado que tais atividades lhe trariam felicidade.

Mas isso não aconteceu. Agora, aos vinte e poucos anos, Hussein decidiu que não havia mais salvação para sua vida.

Os montes Elburz, à distância, cobertos por uma camada fresca de neve, erguiam-se com ousadia a quase 5.500 metros de altura. Em contraste, Hussein se sentia extremamente pequeno, insignificante e despercebido, um mero ponto em meio aos quase 10 milhões de habitantes da capital do Irã.

"Já passou da hora de dar fim à minha vida", pensou. Mas esse plano tinha um problema: ficou com medo de pular, então decidiu comprar um pouco de ecstasy para se livrar dos temores. Assim que saiu do prédio e chegou à rua, seu celular tocou.

— Descobri algo novo — disse um amigo antigo do exército e viciado também. — Vamos sair para tomar chá e eu lhe conto.

"Momento perfeito", pensou Hussein. "Uma nova droga para blindar meus nervos para o mergulho final."

— Conte aí desse barato que você descobriu — disse Hussein ao amigo logo que o encontrou, com as mãos frias envolvendo uma xícara de chá. — Fiquei interessado.

— Não é nenhum *barato* — respondeu o amigo. — Não é droga. É algo muito melhor: Jesus!

Hussein quase cuspiu o chá para fora. Olhou em volta para ter certeza de que ninguém estava ouvindo.

— O quê?

— Eu encontrei Jesus — disse o amigo em um sussurro empolgado. — Encontrei paz. Parei com as drogas, com as prostitutas e não intimido mais as pessoas para conseguir dinheiro.

Hussein ficou pasmo. No entanto, enquanto o amigo contava sua história, algo aconteceu com Hussein: ele parou de pensar na morte. Parou de pensar em se matar e começou a pensar na vida.

Mais tarde, o amigo mandou uma Bíblia para Hussein e o apresentou a um grupo de seguidores de Jesus, que se reuniram em um parque local em uma tarde ensolarada.

— Eu também pensava em me suicidar antes de encontrar a Cristo — disse uma das mulheres que ouviu a história de Hussein. — Você quer entregar toda a dor de sua vida a Jesus?

Ele não conseguia pensar em nenhum motivo para não o fazer. "Um Deus que quer ter um relacionamento pessoal comigo? Um Deus que fala sobre amar os outros? Um Deus que perdoa pecados? Que me ama mesmo se eu cometer um erro ou deixar de fazer uma oração?" Então recebeu Jesus como seu Salvador e Senhor.

"Eu ainda não entendia o que estava acontecendo comigo", relembra. "Mas senti algo diferente. Eu sabia que minha vida iria mudar. Cristo só queria que eu fosse seu filho! Isso me deixava empolgado. Era muito diferente do islã. De imediato, senti luz e fiquei simplesmente feliz, sem nenhuma razão."

Ele desfrutou a alegria de sua nova fé. Então vieram as provações, primeiro pela água e depois pelas autoridades.

Hussein estava no litoral do mar Cáspio em um retiro da igreja. Não sabia nadar, mas, incentivado pelos amigos, foi passando pelas ondas até a água bater em seu peito. De repente, pisou em águas profundas. Em pânico, tentava encontrar apoio para os pés, jogava água para todos os lados, procurando em vão flutuar. Então começou a orar.

"Cristo, me dê mais uma chance", orou. Meses antes, sentira que Deus o estava chamando para o ministério, mas ele tinha um bom emprego, uma casa e liberdade, por isso recusou o chamado. Agora, desejava desesperadamente viver para ter a oportunidade de abrir mão de tudo o que tinha para Jesus. "Mais uma chance! Eu nunca ministrei para o Senhor! É isso que vou fazer. Apenas me dê mais uma chance."

Vários salva-vidas o tiraram das profundezas. Chegara o momento de mostrar se seu compromisso era fruto de convicção verdadeira ou apenas motivado por uma vontade desesperada de viver.

— Você quase morreu — disse um líder da igreja após ficar sabendo da decisão de Hussein de "entregar tudo" para Jesus. — Você está tomado pelos sentimentos agora. Tem noção de como é difícil ministrar no Irã?

— Não me importo — falou Hussein, com convicção sincera na voz. — Preciso fazer isso. Jesus me deu mais uma chance, e é isso que tenho de fazer. Se precisar sacrificar tudo o que tenho, eu o farei.

Ele saiu do emprego, pagou suas dívidas e vendeu o carro. Então, dedicou-se ao ministério em tempo integral com outra líder que ministrava para mulheres. Hussein tinha uma ótima combinação como evangelista: sua história era emocionante, sua paixão, convincente, e sua mensagem apelava ao coração das pessoas. "O favor do Senhor era comigo", conta. "Eu sentia que Deus havia me ungido para testemunhar." Dezenas de pessoas professaram a fé em Cristo por meio de seu ministério, mas ele pagaria um preço por essas almas.

Na região curda do Irã, Hussein se envolveu com um grupo que mandava Bíblias para o país. Certo dia, logo depois da chegada de quinhentos exemplares do Novo Testamento, oito membros da polícia secreta iraniana apareceram. Eles não mostraram nenhum mandado de busca. Apenas destruíram seu apartamento em busca de literatura cristã.

A polícia algemou Hussein e mais três mulheres, líderes da igreja, e os levaram embora. Enquanto era transferido para a prisão, colocaram uma venda em seus olhos, o prenderam em correntes e o puseram em outro carro.

— Esse é só o começo — disse um dos captores com um sorriso irônico. — É só o desfile de boas-vindas.

Hussein orou — não por si mesmo, mas para que a pequena casa, que funcionava como igreja, não fosse destruída. Para que as Bíblias não fossem capturadas. Para que seu ministério ainda encontrasse meios de continuar proclamando Jesus.

Foi colocado na solitária, numa cela do tamanho de um banheiro grande. Não havia cama, vaso sanitário, nem pia. Apenas dois holofotes. Um deles ficava aceso 24 horas por dia, para confundir sua mente.

"Será que as mulheres estão seguras?", preocupava-se. "Será que revelaram o nome dos líderes da igreja, colocando-os em perigo? Como posso alertá-los? Será que a polícia achou as Bíblias?"

— Vamos orar juntos.

As palavras vieram do nada, em meio ao silêncio absoluto de uma cela na qual ele era a única pessoa. Mas Hussein não estava falando.

Hussein acredita que foi o próprio Cristo quem disse aquelas palavras: "Senti que Jesus colocou tudo de lado, todo o mundo de lado, para vir sussurrar em meu ouvido. Ele me disse: 'Você não precisa dizer nada porque eu lhe falarei o que dizer. Por que está com medo? No fim das contas, você vai morrer de qualquer jeito, não vai? Então por que não serve, simplesmente? Não crê que, quando fechar os olhos neste mundo, os abrirá para mim? E, quando abrir os olhos, estará em meus braços?".

Os interrogatórios a Hussein começaram no dia seguinte. Sempre que ele respondia a uma pergunta de um jeito que os interrogadores não gostavam, levava um chute no estômago. Após três dias, foi levado para o tribunal acusado de apostasia, o que, no Irã, pode resultar na pena de morte.

— Qual é seu problema com as mesquitas e os imãs? — perguntou o juiz. — Por que você quer destruir o islã?

Hussein foi levado de volta à prisão principal. Acabou sentindo falta da solitária, na qual podia orar a Deus sem distrações.

— Só Deus pode ajudá-lo aqui — disse-lhe um guarda.

— Sim — respondeu Hussein —, ele já *está* ajudando.

Hussein foi enviado para o corredor da morte, no qual 250 detentos obedeciam a chefes de gangues, não aos guardas. Hussein orou ainda mais. Naquela noite, os chefes das gangues chamaram Hussein para encontrá-los à meia-noite no banheiro. Entretanto, em vez de lhe fazer algum mal, pediram ajuda. Ele tinha alguma informação sobre seus amigos presos nos Estados Unidos?

“Seria um engano? Será que eles acham que eu sou outra pessoa?” Hussein não tinha amigos presos nos Estados Unidos, mas os líderes achavam que sim e lhe dispensaram um tratamento especial por causa disso. Ficou com a parte de cima de uma beliche e um banheiro particular. Recebia legumes frescos para comer. Depois de dois dias, os guardas se ofereceram para transferi-lo para uma parte mais “segura” da prisão. Hussein os deixou pasmos quando recusou.

Após oito dias, sua família levou a escritura da casa de Hussein como garantia, e ele foi liberto sob fiança. Durante a audiência, o juiz identificou alguns erros no documento de apelo e os corrigiu pessoalmente.

— Aqui está — disse, entregando um pedaço de papel para Hussein. — Esse é meu celular. Irei supervisionar seu caso pessoalmente. E, para ficar mais conveniente, não exigirei que faça a viagem de quatro horas até o tribunal.

Mais uma vez, Hussein ficou surpreso ao reconhecer como Deus interviera.

As quinhentas Bíblias pelas quais Hussein orou ficaram seguras. Não foram encontradas pela polícia, mesmo estando dentro de caixas no meio da sala.

Ele só conseguia balançar a cabeça e louvar a Deus. "Foi como na ocasião em que Paulo estava na prisão e um terremoto abriu as portas", falou. "Veja quantas portas Deus abriu para mim! É por isso que quero continuar servindo, pois sei que o Senhor está comigo."

Que perspectiva ele tem para o futuro? A luz divina se fez presente durante os momentos mais sombrios, quando ele pensava que sua vida iria acabar. Com o coração agradecido, está determinado a continuar servindo a Deus com a "outra chance" que pediu a Jesus. "Isso vai acabar me matando ou levará a outros acontecimentos milagrosos como esses", explica. "E qual dessas duas opções é ruim?"

29

Tudo para realizar a "grande obra" de Deus

RUTH E ARMANDO

Filipinas

Em vez de se render a assassinos islâmicos, Ruth, o marido, Armando, e seus três filhos correram em meio à escuridão para se esconder debaixo de uma passarela. Por horas, amontoaram-se dentro da água rasa do canal, frequentada por cobras venenosas. Era o único lugar que poderia ocultá-los.

A família ficou surpresa quando ouviu a explosão de bombas e o ruído de rifles perturbarem o silêncio da noite. Mindanao, região insular das Filipinas, estava em conflito desde 2000, quando o presidente, Joseph Estrada, fez uma declaração de guerra contra os grupos islâmicos que tentavam fundar um estado muçulmano independente, mandando tropas governamentais para expulsá-los. Quatro de cada dez casas — quase 1 milhão de pessoas — haviam sido desalojadas por causa do conflito.

Mas a família de Ruth e Armando não vivenciara nenhum vestígio de violência desde que havia se mudado para aquela vila no centro de Mindanao, em 1990. Nas Filipinas, há mais ou menos o triplo de cristãos do que muçulmanos. Na vila onde moravam, a população se encontra dividida igualmente entre muçulmanos e cristãos, e o casal se mudara com o intuito de fundar uma igreja ali.

Agora, combatentes islâmicos violentos haviam se embrenhado em silêncio pela densa floresta de bambuzais, samambaias e bananeiras, atacando a vila de cerca de oitocentos habitantes adormecidos. O temor dos invasores só se equiparava ao medo causado pelos tufões, que também varriam a ilha sem se importar com a devastação que deixavam para trás.

Ruth sussurrou para os filhos assustados:

— Vocês precisam ficar quietos. Muito, muito quietos.

Isso era bem difícil para crianças que não entendiam bem o que significava ser pegos. Elas caíram no choro. Por oito horas, Ruth e Armando sussurraram palavras de coragem para os filhos e oraram pedindo proteção para sua família e seu ministério.

Na manhã seguinte, arrastaram-se para fora do esconderijo e, com toda pressa, reuniram alguns pertences essenciais antes de desaparecer em meio à selva junto com outros habitantes da vila que haviam sobrevivido ao ataque. Eles sabiam que a noite traria consigo mais confrontos. Por várias semanas, acamparam na floresta em barracas improvisadas, feitas de lençóis, lona, sacos de arroz — qualquer coisa que tivessem.

Ao longo dos cinco anos seguintes, a família precisou fugir ocasionalmente, assim como da primeira vez que os rebeldes atacaram. Forças rebeldes invadiram a vila duas vezes em 2009, matando quatro seguidores de Jesus e deixando mais de duzentas pessoas desabrigadas. Em outra ocasião, sequestraram vários aldeões para usar como escudos humanos.

Aliás, os rebeldes se aproximavam da vila com tanta frequência que os habitantes adotaram uma nova rotina. Permaneciam na vila cuidando de seus animais e hortas durante o dia e, de noite, saíam para dormir nas tendas improvisadas. Em meio a todas essas dificuldades e perigos, Ruth e Armando continuaram vivendo ali para criar os filhos e permanecer fiéis à obra que Deus tinha para eles.

Depois que os filhos cresceram e foram para a faculdade, Ruth e Armando poderiam muito bem ter partido. Mas não o fizeram. Viram a mão de Deus atuando e escolheram continuar a tarefa para a glória dele.

Paulo escreveu: "Considero que nosso sofrimento de agora não é nada comparado com a glória que ele nos revelará mais tarde. [...] E sabemos que Deus faz todas as coisas cooperarem para o bem daqueles que o amam e que são chamados de acordo com seu propósito" (Rm 8.18,28).

Todos os dias, Ruth e Armando perseveram ao escolher concentrar sua atenção na esperança de Cristo, não nas dificuldades da vida. É uma prática que não só aprenderam, mas também ensinaram. Uma de suas filhas está cursando teologia e planeja voltar para Mindanao a fim de ajudar no ministério dos pais.

"Agradeço a Deus porque ela tem esse desejo", disse Ruth. "Há uma grande obra neste lugar. Que continuemos servindo ao Senhor mesmo que passemos por esse tipo de perseguição. Tudo isso está acontecendo conosco, mas Deus continua grande... Ele nos chamou para estar aqui. Se for para morrer, *morreremos.*"

30

Prosseguindo em meio à oposição

WALID

Iraque e Líbano

Walid guiou sua cadeira de rodas até o carro e, com a ajuda de um amigo, escorregou até o banco do motorista. Sim, seria mais fácil ficar em casa. Seria mais fácil simplesmente permanecer sentado, assistindo à televisão. Seria mais fácil não correr risco nenhum. Afinal, foi o risco que lhe havia custado o movimento das pernas.

"Mas", pergunta Walid, "como Deus seria servido dessa maneira?"

Há vidas que precisam ser salvas para a eternidade. Ele tinha Bíblias a distribuir. Precisava fazer novos contatos com descrentes. Então ligou a chave e, graças ao controle adaptado para as mãos, prosseguiu em sua obra para o Senhor no Oriente Médio.

"Todos temos cruzes a carregar", disse. "Fico feliz em carregar esta cruz para o Senhor."

Walid cresceu em Mosul, Iraque. Depois de se tornar cristão, mudou-se para o Líbano com o propósito de servir à igreja ali. Ironicamente, os líderes da igreja acharam melhor ele retornar para Mosul a fim de plantar igrejas. Para um missionário, ser mandado para Mosul é o mesmo que um soldado ser enviado para a linha de frente no combate. Ele aceitou de bom grado o desafio.

O ambiente desértico do norte do Iraque é considerado o berço da civilização. Figuras históricas do Antigo Testamento — Abraão, Daniel, Ester e Jonas — estiveram ali. Cristãos vivem na região há mais de dois mil anos. Desde 2003, porém, mais de 1 milhão de cristãos fugiu do Iraque.

O êxodo em massa e os riscos que provocou não detiveram Walid. Ele encontrou um apartamento em Mosul, fez contato com uma comunidade de cristãos e começou a partilhar o evangelho com muçulmanos.

Em lugar do evangelismo em estádios que vemos com tanta frequência no Ocidente, o método de Walid parece mais o de uma guerrilha. Ele faz progresso uma conversa de cada vez. Apresenta a Palavra em segredo, quase como um espião que tem informações a transmitir, mas precisa fazê-lo sem ser detectado.

O caos no Iraque tem tornado os muçulmanos cada vez mais abertos a Cristo. Centenas de milhares de iraquianos já morreram. Confrontados com a possibilidade da morte, eles anseiam por paz, alegria e segurança — esperança que não encontram no islã. Muitos estão procurando respostas sobre o Deus da Bíblia.

A igreja no lar de Walid cresceu rápido. Um punhado de gente se transformou em uma dúzia, e depois em duas. Em cinco meses, sessenta pessoas faziam parte da igreja. Em um lugar como Mosul, a ironia mais trágica e, às vezes, mortal é que, quanto mais "sucesso" tem uma igreja, maior é a chance de seus membros sofrerem perseguição. Sem dúvida, Walid tinha consciência de que isso poderia acontecer, mas não se deixou deter.

— O que foi, Walid? — perguntou sua mãe no banco do passageiro, ao lado dele. — Você viu alguma coisa no retrovisor, não é mesmo? Estamos sendo seguidos?

Walid conferiu o espelho do retrovisor mais uma vez e então olhou para a mãe.

— Está tudo bem — garantiu.

— É impossível enganar uma mãe — disse ela.

— Talvez ele esteja pensando que somos alguma outra pessoa.

De repente, o carro de trás acelerou bruscamente. Walid pisou no acelerador também, mas o carro que os perseguia estava rápido demais. Em segundos, posicionou-se ao lado de seu veículo. Os carros que vinham na direção contrária saíam do caminho, levantando poeira e pedras.

Walid travou em pânico, tentando, em meio ao caos, proteger sua mãe, evitar o outro carro e não bater nos que vinham em sua direção.

Pffft! Pffft! Pffft!

Ele sentiu a pontada da bala em suas costas, mas conseguiu deslizar o carro até o acostamento. Enquanto o carro do atirador partia a toda velocidade, Walid sentiu que estava prestes a desmaiar.

— Mãe, está tudo bem com você? — conseguiu dizer. — Foi atingida?

Não teve resposta.

Dias depois, no hospital, sua visão borrada ganhou nitidez. Enxergou o rosto da mãe. Ela estava sentada ao lado da cama, e o médico explicava o que acontecera.

— Uma bala acertou vocês dois — disse ele. — Walid, eu lamento. Atingiu sua coluna. É provável que nunca mais volte a andar.

Era uma notícia difícil, muito dura de digerir.

— Mas sua mãe teve sorte — continuou o médico. — Só o braço dela foi atingido.

Quando recebia visitas, Walid nunca falava sobre si. Sempre dizia que estava muito feliz porque sua mãe não ficara gravemente ferida. E compartilhava sua preocupação pelos outros evangelistas no Iraque.

"Eles carregam uma cruz maior e mais pesada do que a maioria dos cristãos", falou. "E, apesar da situação difícil, a salvação de almas tem acontecido em grande quantidade no Iraque. Ore para o que o Senhor intervenha diretamente, fortalecendo, encorajando e dando poder para que façamos sua obra e levemos a verdade ao Iraque."

Então pegou as rodas de sua cadeira, como se nada tivesse acontecido, e foi embora, prosseguindo para a glória de Deus. Para nós, Walid é um grande exemplo de 1Tessalonicenses 3.7-8: "Por isso, irmãos, apesar de nossos sofrimentos e dificuldades, ficamos animados porque vocês permaneceram firmes na fé. Agora, revivemos por saber que estão firmes no Senhor".

Walid persevera não obstante os obstáculos em seu caminho. Ele sabe que serve a um Deus que sustentará seus filhos em meio a qualquer desafio. Walid nos faz lembrar que permanecer firme não está nem um pouco ligado às nossas capacidades físicas, mas, sim, à decisão de se apegar com fervor às promessas divinas, quaisquer que forem as circunstâncias.

MÁRTIRES NA HISTÓRIA

JOHN BRADFORD

1510–1555

Inglaterra

Embora estejais no mundo, não sois do mundo. Não estais entre os que buscam sua porção nesta vida. [...] Sois aqueles que sabem ser [...] peregrinos e estrangeiros; pois não tendes morada. Sois aqueles cuja porção é o Senhor e cuja esperança se encontra no céu.

John Bradford, *O paciente sofrimento nos transtornos e nas aflições pela causa de Cristo*

A Inglaterra do século 16 era um tempo e lugar perigoso para ser um seguidor declarado de Cristo. Enquanto muitas pessoas se disfarçaram durante aquela época para evitar a morte, John Bradford permaneceu fiel a Cristo. Isso lhe custou uma carreira promissora no governo e, em 1555, a própria vida.

Nascido em uma família abastada e educado nas áreas de administração e direito, Bradford começou a trabalhar na corte do célebre rei Henrique VIII. O desejo do rei de ter um herdeiro o levou a romper com a Igreja romana. Tal decisão desempenharia um papel significativo no futuro de Bradford.

Enquanto estudava direito em Londres, Bradford entregou a vida a Cristo. Então, cursou teologia e foi ordenado capelão em Cambridge, em 1550. Nessa época, testemunhou uma fila de prisioneiros sendo levados para a execução e comentou: "Só pela graça de Deus que John Bradford não está lá". Uma modificação comum dessa frase ainda é usada atualmente em língua inglesa: "Só pela graça de Deus que não estou lá".

Quando a Igreja da Inglaterra foi estabelecida como uma instituição protestante, Bradford emergiu como um enérgico protestante que repreendia os nobres por sua "cobiça insaciável", "carnalidade imunda", "ambição e orgulho intoleráveis" e falta de disposição em "ajudar nas causas dos pobres e dar ouvidos à Palavra de Deus".

Conforme era de se esperar, muita gente o odiava. Mas ele perseverou em compartilhar suas convicções fundamentadas na Bíblia. Sua sorte mudou drasticamente quando o jovem rei Eduardo VI morreu e Maria Tudor subiu ao trono. Ela queria desesperadamente fazer a Inglaterra voltar para a Igreja Católica. Para esse fim, mandou prender Bradford e julgá-lo por heresia. Condenou mais de trezentos mártires, entre eles, Bradford, fazendo-a ganhar a reputação de "Maria Sangrenta".

Antes de sua execução, Bradford ficou preso por dois anos em uma cela úmida. Era tão querido pelos guardas e de tamanha confiança que permitiam que saísse algumas noites, sabendo que voltaria pela manhã. E ele sempre voltava.

Bradford lembrava aos seguidores de Jesus que eles não são deste mundo. Falava-lhes da glória de ser "espancado, esbofeteado, chicoteado, coroado com espinhos, pendurado na cruz e totalmente abandonado por todos os seus discípulos". Encorajava os cristãos a não se deixarem abater por aqueles que se opunham a Cristo.

"Não está escrito", Bradford enfatizava, "que nada nos separará do amor de Deus? Será a tribulação, angústia, perseguição, fome, nudez, perigo ou espada? E está escrito: 'Por causa de ti, enfrentamos a morte todos os dias; somos como ovelhas levadas para o matadouro.'"

Quando examinado por um tribunal eclesiástico, reunido para determinar a sentença, perguntaram a Bradford se ele aceitaria a misericórdia da rainha. "Receberei de bom grado o favor da rainha em termos que correspondam ao meu dever junto ao Deus cujo favor é a vida, mas cujo desprazer é pior que qualquer morte que mortais possam infligir."

Ele foi levado à estaca no dia 1º de julho de 1555. Bradford pediu perdão a todos a quem tivesse prejudicado de alguma forma e concedeu perdão aos soldados a seu redor. Então pegou um dos gravetos e o beijou. Foi amarrado à estaca junto com um jovem prisioneiro, que ouviu estas palavras de confiança dos lábios de Bradford enquanto as chamas subiam ao redor de ambos: "Irmão, console-se, pois teremos uma ceia de misericórdia junto com o Senhor nesta noite, onde todas as nossas dores terminarão em paz e nossas batalhas, em cânticos de alegria".

Parte V

PERDÃO

Sejam compreensivos uns com os outros e perdoem quem os ofender. Lembrem-se de que o Senhor os perdoou, de modo que vocês também devem perdoar.
Colossenses 3.13

As histórias dos seguidores de Jesus que são odiados e violentamente perseguidos por causa da fé causam um impacto poderoso. Pode ser aterrador refletir sobre o sofrimento, a dor e a tristeza que suportam. Contudo, ainda mais emocionantes que as histórias de perseverança fiel em meio à perseguição são os relatos de perdão àqueles que os perseguiram.

Perdão? Perdão sincero a pessoas que os odeiam e lhes fazem mal? Sim!

Dentre essas experiências, há a mãe que perdoou o soldado que estuprou e matou sua filha, a adolescente que perdoou aqueles que queimaram a igreja da vila com sua família dentro, a mulher que perdoou o homem que continua a torturar seu marido por dar estudos bíblicos para muçulmanos interessados em seus ensinos.

Quando um perdão tão profundo e sincero é estendido, ficamos admirados. Ele nos pega de surpresa, porque escolher perdoar aqueles que nos perseguem é um ato distintamente sobrenatural. O perdão a atrocidades e homicídios cometidos contra quem amamos é uma reação humana fora do normal.

Jesus, no entanto, ordena que seus seguidores façam aquilo que é humanamente anormal. Devemos abençoar os que nos perseguem. Amar os inimigos. Perdoar com o amor e a compaixão que Cristo expressou enquanto morria na cruz, ao orar: "Pai, perdoa-lhes, pois não sabem o que fazem" (Lc 23.34).

Como é possível fazer isso? O caminho do perdão não é fácil, e perdoar não apaga as consequências dolorosas do mal em nossa vida. Nossos irmãos e irmãs em Cristo que sofrem perseguição foram dotados de poderes sobrenaturais que os tornam prontos para perdoar aqueles que realizam atos de maldade contra eles? Não. Eles buscam justificativas para o que aconteceu, a fim de ficar mais fácil negar e evitar a dor? Não. Seriam, de algum modo, imunes à influência pecaminosa do coração humano, a qual nos torna propensos à ira, amargura, vingança e retaliação? Não.

São pessoas que lutam para conseguir perdoar assim como nós. A única diferença é que escolhem, pela fé, obedecer a Deus. Dizem: "Uma vez que Deus nos manda perdoar em sua Palavra, devemos fazê-lo".

O perdão é uma resposta de obediência a Deus, que perdoa em sua graça e que nos deixou o exemplo de Jesus para seguir. Não há fórmula mágica para despertar o desejo sincero de perdoar. Somente o poder de um relacionamento de confiança em Deus é capaz de fazer o perdão nascer em um coração ferido.

À medida que nossos irmãos e irmãs perseguidos em Cristo dizem sim para Deus e estudam a Bíblia, oram e buscam amadurecer no relacionamento com ele, o Senhor realiza um milagre no coração e na mente deles. A caminhada com Deus se aprofunda. Começam a enxergar os agressores pelos olhos divinos. E aprendem a perdoar! Quando o trauma é profundo, pode demorar muito tempo para essa transformação acontecer. Mas Deus é paciente, bondoso e fiel para realizar sua boa obra no coração de todos os que o buscam, confiam nele e lhe obedecem.

31

Deus, pode cuidar de tudo!

DANJUMA
Nigéria

Às seis da manhã daquele dia terrível, tiros fizeram Danjuma acordar sobressaltado. Assim como todos os outros habitantes da pequena vila, Danjuma correu para se salvar. Mas a fumaça causticante das casas incendiadas o sufocou, e foi impossível para o garoto de 13 anos fugir do ataque realizado por quase mil revolucionários islâmicos.

Danjuma se lembra muito bem da dor do facão penetrando o lado esquerdo de sua cabeça. Graças a Deus, porém, não recorda nada do que aconteceu em seguida. Não se lembra dos golpes de facão em seu braço esquerdo. Nem da retirada de seu olho com uma faca. Nem do corte que removeu sua genitália. Só se lembra vagamente da descrença e da agitação dos homens que estavam cavando sua sepultura quando perceberam que ele ainda estava vivo.

Vinte e três cristãos nigerianos morreram naquele dia. Trinta e oito ficaram feridos. A equipe do hospital a 25 quilômetros para onde Danjuma foi levado não conseguia acreditar que ele estava entre os sobreviventes. "Ficaram pasmos ao ver o garoto voltar vivo depois de tudo isso", conta Hadilia Adamu, gerente do hospital. "Ele estava sangrando tanto! É um milagre."

Danjuma recebeu o apelido de "Milagre", não só por ter sobrevivido, mas também por não ter escolhido o caminho da amargura. Lamenta menos por si do que por aqueles que o mutilaram. "Eu os perdoo porque não sabem o que estão fazendo", disse, ecoando as palavras que lemos na Bíblia. "Se tivessem amor, não se comportariam desse jeito."

Sua atitude de perdão e alegria constante nos deixam um poderoso exemplo. Sua história nos lembra do desejo de Deus de que todos aqueles que o seguem estendam perdão e vivam em paz. Nesse sentido, Danjuma nos traz à mente Isaías 11.6: "Naquele dia, o lobo viverá com o cordeiro, e o leopardo se deitará junto ao cabrito. O bezerro estará seguro perto do leão, e uma criança os guiará".

Danjuma, o garoto com um sorriso pacífico, verdadeiramente nos conduz a cada dia colocar em prática as palavras de Jesus: "Eu, porém, lhes digo: amem os seus inimigos e orem por quem os persegue" (Mt 5.44).

Quando enfrentamos injustiça ou injúria nas mãos dos outros, é fácil permitir que a amargura finque raízes em nossa vida. Em contraste, o compromisso de Danjuma em evitar todas as atitudes destrutivas que alguém poderia justificar após ter sido desfigurado e quase assassinado é algo que cada um de nós precisa guardar no coração. Ele continua a buscar a ajuda de Deus e a pedir em suas orações que o ajude nesse propósito. Há grande esperança no perdão, em se sentir livre para dizer, assim como Danjuma, após receber alta do hospital: "Então não há problema. Deus continua a me guiar e proteger. Deixei que ele cuide de tudo".

Oremos fielmente pelos Danjumas deste mundo que carregam no corpo as marcas de Jesus (Gl 6.17), para que Deus os abençoe e sustente. Oremos para que nós também escolhamos enfrentar nossas dificuldades e provações com um coração perdoador, sabendo que Deus cuidará de qualquer coisa que venhamos a vivenciar.

32

Franco perdão

HABILA ADAMU

Nigéria

Durante uma noite quente e úmida no norte da Nigéria, o silêncio tomava conta da vila onde Habila Adamu e sua família dormiam em sua casa de blocos de concreto. Exatamente às 23 horas, de acordo com seu relógio, alguém bateu forte à porta.

— Saia! — gritou um homem. — E traga sua família também!

Habila colocou roupas, chamou a esposa, Vivian, e seu filho pequeno. Quando abriu a porta, invasores vestidos com becas e máscaras o cumprimentaram. Seu temor aumentou. Um dos homens ostentava um AK-47.

O líder balançou a cabeça com arrogância.

— Estamos aqui para fazer a obra de Alá.

Atordoado demais para dizer qualquer coisa, Habila sabia que suas palavras não seriam, nem de perto, tão importantes quanto a oração que fez em silêncio: "Pai, seja feita a tua vontade".

O homem perguntou o nome de Habila, onde ele trabalhava e se era policial ou militar. Então fez a pergunta mais importante de todas:

— Você é cristão ou muçulmano?

Habila não hesitou.

— Sou cristão.

O terror contorcia o rosto de Vivian. Ela sabia que aqueles homens eram membros do grupo *jihadista* Boko Haram, responsável pela morte de cerca de dez mil cidadãos da Nigéria somente em 2014.

— Estamos lhe oferecendo uma vida melhor — um deles declarou — se você tão somente disser a *chahada*.

A *chahada* é a profissão de fé islâmica. O homem escarneceu:

— Vamos lá, diga: "Não há deus além de Alá, e Maomé é seu mensageiro". Fale. Una-se a nós. Torne-se muçulmano e faça parte do Boko Haram.

Habila olhou para a esposa e o filho.

— Sou cristão e assim permanecerei, até a morte.

Um homem voltou a atenção para Vivian e lhe deu um sorriso malicioso.

— Se seu marido não cooperar, você assistirá à morte dele.

Vivian começou a chorar.

— Uma segunda chance, sr. Adamu. Diga a *chahada*.

Habila permaneceu em silêncio.

— Seu marido é teimoso — disse o intruso. — Por que você não o convence a negar a Cristo e ter uma vida boa?

Ele levantou o cano do rifle e o posicionou na cabeça de Habila.

— Não se preocupe — disse Habila à esposa. — A morte de um cristão é um grande ganho, não uma perda.

— Traga-me todo dinheiro que você tem — ordenou o homem a Vivian, não mais sorrindo. — Agora!

Ela vasculhou os cômodos da pequena casa, pegando tudo de valor que pudesse convencer os homens a ir embora. O intruso não se impressionou. Abaixou o cano na altura da boca de Habila e disse:

— Como você se recusa a se tornar muçulmano, aqui está sua recompensa.

Bam! A bala passou rasgando pela boca de Habila. Ele caiu no chão e ficou imóvel enquanto o sangue escorria. Horrorizada, Vivian gritou. Seu garotinho caiu no choro.

— Cale-se, mulher! — um dos terroristas gritou. — Se for atrás de ajuda, vamos encontrá-la para matar você e seu filho.

Um dos homens chutou a perna de Habila para garantir que ele estava morto. Satisfeitos por terem apaziguado Alá, entoaram "*Allahu akbar*" e foram embora.

Vivian se abaixou junto ao homem que amava.

— Eu... ainda... estou... vivo — sussurrou Habila com dificuldade. — Por favor... consiga ajuda.

Vivian correu até a casa de um vizinho que tinha telefone e ligou para a polícia. Ninguém apareceu. Por fim, Vivian e os vizinhos levaram Habila para um hospital às seis da manhã.

— Só pela graça de Deus ele sobreviveu — disse um médico.

A equipe médica marcou um transplante ósseo para reparar o osso molar de Habila. No entanto, antes de começarem a cirurgia, os médicos ficaram pasmos ao ver que o osso de sua face estava praticamente curado! O transplante seria desnecessário.

Depois que Habila se recuperou e voltou para casa, começou a compartilhar sua história cheio de empolgação. Quase toda vez que a conta, os ouvintes fazem a pergunta óbvia:

— E qual é seu sentimento em relação aos homens que fizeram isso com você?

Em vez de falar sobre eles, Habila fala de perdão.

— Todos nós somos criminosos condenados — conta. — Jesus morreu por nós. Ele nos ama. É por isso que devemos demonstrar amor pelas pessoas que nos odeiam.

E é por esse motivo que Habila faz a mesma oração todos os dias desde a noite em que recebeu o tiro. Ecoando as palavras de Jesus pendurado na cruz, ele pede: "Deus, perdoa-lhes. Deus, perdoa-lhes".

Ele ora fervorosamente para que os homens que invadiram sua casa naquela noite encontrem em Cristo a mesma paz de que ele desfruta. "Eu os amo. Se tiver a oportunidade de vê-los, quero lhes dar um abraço e orar por eles."

Por vezes as pessoas lhe perguntam como ele é capaz de fazer isso, perdoar as pessoas que quase o mataram, privando sua família de seu marido e pai.

Sua resposta é: “Porque Cristo é amor. O Deus a quem sirvo é amor. E ele nos manda amar uns aos outros”.

33

Vamos deixá-lo em paz

JAMIL

Ásia Central

Assim como fizera quase todas as noites por três anos, Jamil se abaixou na pia e lavou o rosto para tirar o sangue. Acreditava que esse era um preço pequeno a pagar por ser odiado por amar e proclamar Jesus. Mas logo a tensão chegaria ao ponto máximo.

Jamil crescera em uma família muçulmana moderada na Ásia Central, região ao sul da Rússia e ao norte do Irã e do Afeganistão. A certa altura, seu irmão adotou crenças tão radicais que foi colocado na prisão. Para Jamil, esse acontecimento despertou uma busca interior profunda.

Ele começou a procurar diligentemente a verdade espiritual. Por meio de seus estudos, conheceu cristãos que partilharam com ele o evangelho. Jamil percebeu que Jesus era tudo aquilo que Alá não era. O único Deus verdadeiro. O prometido. O Salvador.

Ele aceitou Jesus com alegria e começou a compartilhar sua fé como se fosse um homem à beira da morte que encontrou água no deserto e quer dividi-la com todos os que estivessem sedentos. E encontrou pessoas sedentas pelo evangelho. Conduziu a Cristo seu irmão, ex-extremista islâmico. Levou outros três irmãos e irmãs para Cristo. Plantou quatro igrejas em lares.

Depois de se casar e ter um filho, aceitou o chamado para ser missionário em outra parte da Ásia Central. Mudou-se com a família para uma vila habitada somente por muçulmanos. Quando se espalhou a notícia acerca desse seguidor de Jesus, um *kafir*, começaram os espancamentos noturnos.

Todas as vezes, Jamil se recusava a retaliar. Em vez disso, compartilhava versos da Bíblia com seus opressores. Certa noite, porém, os golpes foram longe demais. Um único homem foi agredi-lo. Enquanto Jamil suportava os socos, seu filho de 6 anos apareceu no local. O homem acertou o punho cerrado no estômago do garotinho, que caiu no chão, contorcendo-se de dor.

Instintivamente, Jamil se apressou para proteger o filho. A atitude de dar a outra face deu lugar a um desejo de vingança, impulsionado pela adrenalina. Quando o homem fugiu, Jamil encontrou uma faca e saiu correndo em meio à noite para encontrá-lo.

Ao chegar à casa onde o homem morava, o pai idoso do agressor estava sentado na sala.

— Onde está seu filho? — quis saber Jamil, sem fôlego, com os olhos como os de um louco. — Eu vou *matá-lo!*

— Jamil, esse não é você — respondeu o homem. — Por que quer matar meu filho?

— Posso até aguentar os espancamentos — explicou. — Mas não vou aceitar que batam em meu menino, e foi isso que seu filho acabou de fazer.

Momentaneamente detido por um homem que, assim como ele, amava o próprio filho e não queria vê-lo ferido, Jamil continuou a correr pela vila. Em todos os lugares por onde passava, espalhava ameaças de vingança a quem quisesse ouvir — e a quem não quisesse também.

— Vou *matar* qualquer um que encostar em meu filho — prometeu.

Quando Jamil voltou para casa naquela noite, não conseguiu dormir. Não era só o ataque ao filho que o estava incomodando, mas também a culpa que sentiu por descer ao nível de seu agressor e por ter prometido fazer justiça por meio da violência. Ele sabia o que precisava fazer.

Antes de o sol nascer, foi até a casa do homem que havia atacado seu filho. Embora o pai e o filho tenham ficado com medo da retaliação, Jamil não fora se vingar.

— Desculpe-me pela ameaça que fiz — disse com humildade. — Não quero matar você. Não quero matar ninguém. Por favor, me perdoe.

A despeito de ter suplicado perdão, as agressões noturnas continuaram. Certa noite, os líderes do grupo islâmico local estavam prestes a viajar para caçar. Invadiram a casa de Jamil para espancá-lo e depois se viraram para a esposa dele.

— Ei, você! — um dos homens ordenou. — Cozinhe para nós.

Eles se sentaram em volta da mesa como se a estivessem desafiando a se recusar. A mulher de Jamil olhou para o marido, sem saber ao certo como reagir.

— Por favor — disse Jamil —, cozinhe para eles.

Então ela preparou uma refeição para os homens sentados à mesa de sua casa, os mesmos que rotineiramente espancavam seu marido. Enquanto aguardavam, Jamil disse:

— Não importa o quanto vocês têm sido cruéis comigo ou com qualquer outra pessoa. Deus está disposto a perdoá-los e aceitá-los em seu reino se vocês se arrependerem e depositarem sua fé em Cristo.

Então fez uma pausa e prosseguiu:

— Que Deus abençoe a caçada de vocês.

Os homens olharam para Jamil e depois uns para os outros, incrédulos.

— Viemos aqui comer sua comida e espancá-lo — disse o líder —, mas agora não podemos mais. — Então encarou os outros e continuou: — Vamos deixá-lo em paz.

Dias depois, o líder convidou Jamil para ir à sua casa. Disse:

— Por favor, compartilhe com minha família aquilo que você nos contou naquela noite.

Foi a primeira vez que um de seus agressores pediu para aprender sobre Cristo, mas não seria a última.

A mensagem do amor de Deus se encontra disponível para todas as pessoas, conforme afirma João 3.16: "Porque Deus amou tanto o mundo que deu seu Filho único, para que todo o que nele crer não pereça, mas tenha a vida eterna". O amor de Deus, em sua ousadia, é capaz de chegar até nossos inimigos. É poderoso o suficiente para derreter o coração mais endurecido. Seu perdão transforma o coração mais gelado.

Não somos capazes de mudar as pessoas ao redor usando nossa própria força. Mas o Espírito Santo em nosso interior tem poder para desarmar até mesmo os mais perversos à medida que demonstramos fielmente o amor e o perdão de Deus. Aquilo que, por fim, deu a Jamil a oportunidade de partilhar o amor de Deus com aqueles homens detestáveis foi o perdão e o amor ousado. Sem dúvida, não é fácil para um pai perdoar alguém que machucou intencionalmente seu filho pequeno. Não é fácil para uma mulher preparar uma refeição para homens que bateram em seu marido e filho. E não é fácil para nós abençoar quem nos odeia. Mas esse é o caminho do perdão.

Oremos constantemente por nossos irmãos e irmãs perseguidos que tanto sofrem na batalha contra o mal. Oremos para que aqueles que lutam contra os fiéis enxerguem o amor e o perdão de Deus em ação e percebam que ele apresenta outro caminho. Oremos para que sejam libertos do cativeiro de ódio e mal no qual se encontram presos.

34

Continuando a amar os muçulmanos

MOUSA TINIBU

Níger

O pastor Mousa Tinibu corria pela vila na província de Zinder, no Níger, como se fosse um animal caçado. E os membros de sua igreja faziam o mesmo — mulheres com vestidos coloridos e homens de camisas soltas.

O pavor os levou a correr para além das casas com telhado de adobe, dos campos de plantações ressecadas, dos celeiros que se erguiam do solo como amendoins gigantes, dos jumentos, camelos e de tudo mais que formava sua vila natal.

Eles corriam para fugir da morte.

Em pânico e confusão, o pastor Tinibu tentava encontrar sentido em uma situação irracional. "Por que, dentro da nossa vila, nossos próprios vizinhos estão tentando nos matar?"

Tiros eram disparados. As pessoas gritavam. As crianças choravam.

— Mais rápido! — alguém perto dele gritou. — Eles ainda estão nos perseguindo.

Era 17 de janeiro de 2015. No dia anterior, protestos de muçulmanos haviam se espalhado pelo Níger de língua francesa após uma controversa caricatura com o profeta Maomé aparecer na capa da revista satírica *Charlie Hebdo*. Depois disso, os cristãos — quaisquer cristãos — se tornaram alvo de muçulmanos irados.

O pastor conta: "Ficamos perplexos, pois sabemos que isso está na Bíblia, mas nunca havíamos passado por essa realidade".

O que mais chocou a ele e aos demais fiéis foi o fato de que a República do Níger não é como outros países dessa parte do mundo, onde o cristianismo não era e continua a não ser aceito pela lei. Os cidadãos do Níger são livres para mudar de identidade religiosa. Os cristãos podem construir igrejas e escolas. Os cristãos evangélicos dificilmente representam uma ameaça ali. Abrangem apenas 0,1% da população em um país com 18 milhões de habitantes, dos quais 94% são muçulmanos. Mas agora, aos olhos dos perseguidores, os seguidores de Jesus eram inimigos.

"Ficamos pasmos porque estávamos dentro da nossa vila, com nossas famílias e pessoas que se beneficiavam da presença cristã na cidade, e, de repente, estávamos sendo caçados", contou o pastor Tinibu mais tarde. Então ele se deu conta do outro lado de toda aquela loucura. "O Senhor nos encorajou. Quando nos veio aquele sentimento aterrador, o Senhor nos lembrou de que somos dignos — dignos de sofrer vergonha por seu nome".

E eles realmente sofreram.

No final daquele dia, os ataques em Zinder e na capital Niamey deixaram dez mortos e 170 feridos. Mais de setenta igrejas foram destruídas, bem como diversas escolas, organizações e orfanatos cristãos. Mais de cem casas de pastores foram saqueadas ou destruídas.

Mais gente teria morrido se a *gendarmerie*, força militar responsável pelo policiamento da vila, não houvesse dado permissão aos cristãos em fuga para subir em seus caminhões, levando-os para fora do alcance do perigo.

No dia seguinte, o pastor Tinibu e sua congregação ficaram atordoados ao ver que o fogo havia devastado a igreja. A princípio, pareceu que tinham perdido tudo. No entanto, durante as semanas seguintes, ao ver como as pessoas reagiram àquela destruição, este versículo da Bíblia lhes veio à mente: "Felizes são vocês quando, por minha causa, sofrerem zombaria e perseguição, e quando outros, mentindo, disserem todo tipo de maldade a seu respeito. Alegrem-se e exultem, porque uma grande recompensa os espera no céu. E lembrem-se de que os antigos profetas foram perseguidos da mesma forma" (Mt 5.11-12).

Em meio ao luto, o pastor Tinibu viu uma pontinha de esperança criar raízes, como um broto nascendo em solo seco. Antes do ataque, ele percebia que as pessoas que frequentavam a igreja pareciam preocupadas apenas com a própria vida. Depois, passaram a se envolver na visitação e no cuidado umas das outras. Um nível mais profundo de comunidade se desenvolveu dentro da igreja, e o restante da vila notou.

Mais que isso, os seguidores de Jesus vivenciaram um nível mais profundo de perdão. "Deus nos tem encorajado a continuar amando os muçulmanos, a despeito do que aconteceu", conta o pastor. "Não é fácil, mas ele quer que perdoemos e amemos porque encontramos muçulmanos que se arrependem de verdade do que fizeram e do que aconteceu."

Ataques semelhantes continuam a ocorrer, pois uma ramificação radical do islamismo tem ganhado espaço na África ocidental. Mas o pastor Tinibu e os membros da igreja permanecem firmes em suas convicções cristãs. "Há uma grande recompensa à nossa espera", diz ele, "e um dos benefícios desse grande galardão é o sofrimento."

Em meio ao sofrimento, os cristãos têm o privilégio de partilhar o dom do perdão de Deus com os outros. Uma mulher muçulmana que correu junto com o pastor Tinibu e os outros até a *gendarmerie* naquele dia não pôde deixar de perceber a falta de desejo dos cristãos de se vingar de seus agressores — e de se deixar afundar na amargura. Também foi forçada a observar a sede de sangue que levava alguns muçulmanos a matar. Então aceitou Jesus como seu Salvador.

Servimos a um Deus que ama e perdoa. Ele nos envia "como cordeiros no meio de lobos" (Lc 10.3). Apoiemo-nos mutuamente, para que sejamos testemunhas de Cristo que amam e perdoam os outros — até mesmo aqueles que querem nos fazer mal.

35

As possibilidades do perdão

PAULINE AYYAD

Cidade de Gaza

Quando se fala em profissões perigosas, administrar uma livraria não costuma aparecer na lista de ocupações de alto risco. Sem dúvida, ser lenhador, pescador em alto mar ou limpador de janelas de arranha-céus parecem coisas perigosas. Mas gerente de livraria? Não. A menos que seja uma livraria cristã em um lugar no qual alguns veem a fé cristã como uma ameaça e reagem a ela com violência.

Rami Ayyad cuidava de uma livraria cristã da Sociedade Bíblica Palestina na Cidade de Gaza, com meio milhão de habitantes, dominada por muçulmanos. A loja atendia cerca de 3.500 cristãos palestinos que viviam na cidade, a maioria deles das denominações grega ortodoxa, católica ou batista. Em territórios controlados pelo Hamas, paga-se um preço alto ser identificado com esses grupos. Era isso que fazia o trabalho de Rami tão perigoso.

Pauline Ayyad, jovem mãe de dois filhos, grávida do terceiro, sabia que os extremistas estavam de olho na livraria. Eles faziam ameaças frequentes e já a haviam bombardeado duas vezes. Mas seu marido, Rami, continuava firme na crença de que estava fazendo a coisa certa ao trabalhar ali.

— Jesus é o amor da minha vida — disse a ela — e nunca o negarei, não importa o que aconteça.

Em outubro de 2007, três homens apareceram na livraria.

— São fundamentalistas de barba cumprida — disse o esposo em pânico por telefone antes que o sequestrassem. Essas foram as últimas palavras que Pauline ouviu o marido dizer. No início da manhã seguinte, seu corpo foi encontrado perto da loja, marcado por buracos de balas e cortes de faca.

Ao ficar sabendo da morte do marido, a raiva apunhalou Pauline, como se ela também tivesse levado facadas e tiros até a morte. E a dor não ia embora. "Que bem pode sair de tudo isso?", ela perguntava ao Senhor. "Que bem pode me acontecer depois da morte de meu marido?"

Por um tempo, ela conta que "odiou os muçulmanos, odiou todo o mundo". Contudo, enquanto lia Eclesiastes 3, começou a entender que os planos de Deus nem sempre são os nossos. Percebeu que, na vida, há tempo para tudo, até mesmo para coisas sombrias como a morte: "Há tempo de nascer, e tempo de morrer" (3.2).

"Esse foi o início da minha jornada de perdão", conta ela. Mas só o início.

"Eu os perdoei, mas bem superficialmente", relembrou mais tarde. "Não estava perdoando de verdade."

A Sociedade Bíblica entendeu que deveria transferi-la para Belém, onde ela e as crianças poderiam ficar mais seguras. Enquanto recebia apoio, encorajamento e orações de seguidores de Jesus do mundo inteiro, Pauline lutava com os sentimentos em relação aos assassinos de seu marido. Então, cinco anos após ter ficado viúva, foi a uma conferência na qual uma verdade entrou em sua alma pela primeira vez: os muçulmanos que mataram seu marido eram os mesmos que ela e os outros cristãos precisavam alcançar para Jesus.

"Eu me senti uma pessoa totalmente diferente", recorda. "Senti que tinha um novo espírito, um novo coração e uma nova mente cheia de perdão e aceitação da situação que o Senhor permitira em minha vida."

Pauline se envolveu no ministério de evangelismo a mulheres muçulmanas na comunidade onde morava em Belém.

Abriu uma pequena loja de presentes próxima à Igreja da Natividade para ajudar no sustento de sua família. E o mais importante: percebeu algo que não havia passado por sua cabeça antes.

"Seis anos após a morte de Rami, descobri que é uma grande honra ser viúva de um mártir", disse. "Para mim e para minha família, Jesus é uma realidade, satisfazendo nossas necessidades como um marido, um pai, um auxiliador. Ele se tornou tudo — a única pessoa de quem posso depender."

Agora ela incentiva as viúvas com a mensagem que levou tanto tempo para aprender: "Não se enterre junto com seu marido. Nada disso! Saia e seja um testemunho. Tenha uma experiência com Jesus e permita que ele erga você e a use de maneiras milagrosas para glorificá-lo e honrá-lo".

Perder um ente querido sempre dói. A dor é uma prova do quanto a pessoa era importante para nós. No entanto, a amargura no coração é como engolir veneno na expectativa de que a pessoa que nos feriu morra. Quando Pauline conseguiu perdoar de verdade os assassinos do marido, foi liberta da amargura e isso abriu sua vida para novas possibilidades.

O catalisador para a mudança em Pauline foi não só *dizer* que havia perdoado os homicidas, mas também *ter certeza dentro da alma* de que os havia perdoado. Depois de permitir que Deus mandasse embora a amargura, ela se sentiu livre para começar a viver uma vida abundante para sua glória.

36

Face a face com o agressor

AMINA
Nigéria

Na vila de Kataru, no norte da Nigéria, a escuridão espelhava o mal que espreitava por entre o silêncio do início da manhã. Enquanto estava deitada na cama em sua casa de paredes de barro naquela manhã de abril, Amina Yakubu foi acordada por um pequeno puxão no abdômen. "Ah, é só o bebê chutando de novo." Grávida de seis meses do terceiro filho, ela voltou a dormir. Seu marido estava fora caçando.

Ch-ch-ch-ch-ch-ch-ch-ch-ch-ch-ch-ch-ch-ch.

Amina levantou sobressaltada. "Disparos de metralhadora?" Ela chamou a amiga que estava dormindo no quarto ao lado.

— Pegue as crianças! *Fulanis*!

Um ano antes, guerreiros *fulanis*, terroristas islâmicos que odeiam os cristãos, haviam massacrado mais de quinhentos homens, mulheres e crianças em uma vila próxima. Amina jamais imaginou que o mesmo fosse acontecer em sua vila. Mas, apenas por precaução, havia criado um esconderijo secreto para os filhos.

Ela e a amiga se vestiram e pegaram as crianças ainda meio adormecidas. Fez carinho na barriga.

— Está tudo bem, bebê, está...

Um barulho do lado de fora da casa despertou seu temor.

— Vamos sair por trás — sussurrou para a amiga. — Por cima da cerca. Eu vou primeiro. Me dê as crianças.

"Deus, ajuda-nos", orou ela enquanto tentava pular a cerca com o corpo grávido. Enquanto estava com metade do corpo para cima, sua perna explodiu com a dor de uma bala. Caiu de volta no chão, quase perdendo um dos filhos.

Deixando um rastro de sangue, a amiga de Amina a arrastou de volta para casa com as crianças atrás. Trancou a porta e enfiou os filhos no esconderijo.

Segundos depois, a porta foi escancarada. Um guerreiro *fulani* levantou um facão sobre sua cabeça. Amina levantou a mão para tentar impedir o golpe, mas ele deslizou a lâmina por seu couro cabeludo, pescoço e braços. Ela desmoronou no chão e foi deixada como morta em uma poça de sangue. Sem encontrar ninguém mais na casa, foi embora para ajudar a colocar fogo na vila.

Horas depois, Amina acordou no hospital. Fora transportada para lá pelo exército nigeriano. Fizeram o parto do bebê, que nasceu morto. Os médicos gastaram muito tempo para suturar todos os ferimentos. Demorou mais tempo ainda para ela conseguir parar de soluçar.

Quando seu marido a visitou, Amina lamentou a perda do bebê e expressou a dor que estava sentindo.

— Aqueles que fizeram isso com você — perguntou o marido —, se o exército os trouxesse para vê-los, o que diria que lhes fizessem?

Amina fez um pausa. Até falar era difícil.

— Façam com eles... o que... fizeram... comigo.

Ele olhou para a outra direção e então dentro dos olhos dela.

— Você não irá perdoá-los?

— Eu... nunca... os perdoarei — sussurrou.

Semanas se passaram dentro do hospital. Semanas de reflexão. Semanas de oração. Semanas para pensar na vontade de Deus, não na dela.

Então o marido fez a mesma pergunta de novo.

— Se eu encontrar aqueles que me atacaram, se eles forem presos e trazidos diante de mim, direi que já os perdoei — ela respondeu. — Eu sei que todo o sofrimento pelo qual estou passando, antes mesmo que acontecesse, o Senhor já conhecia e já havia escrito que aconteceria e que eu iria me encontrar neste sofrimento hoje. Por isso, eu os perdoarei.

Após quatro meses, recebeu alta do hospital. Quatro meses depois disso, estava na casa de sua mãe quando chegou um homem para entregar lenha. Seus olhos se cruzaram. Era o homem que a havia atacado. Ela sabia. Ele sabia.

"Quando olhei para cima e o vi, meu coração se rasgou", conta Amina. "Comecei a pensar em tudo o que havia acontecido comigo."

O homem olhava para todas as direções, menos para ela. Colocou a lenha no chão, recebeu o pagamento das mãos da mãe de Amina e foi embora.

Mais tarde, seu tio a repreendeu por não ter falado nada. Ele não estava interessado em dizer ao homem que ela o perdoara. Queria que Amina o tivesse alertado, para poder acabar com o covarde.

"Não tenho nenhuma intenção ruim contra eles", explica. "Nossa oração é que entendam que não estão fazendo algo bom, para que possam ser salvos quando morrerem ou quando o Senhor Jesus voltar. Porque, se morrerem praticando essas coisas, não verão a Deus."

O perdão ainda não é fácil para Amina, que confia na justiça de Deus. Ela se apega às palavras do apóstolo Paulo: "Amados, nunca se vinguem; deixem que a ira de Deus se encarregue disso, pois assim dizem as Escrituras: 'A vingança cabe a mim, eu lhes darei o troco, diz o Senhor'" (Rm 12.19).

"Rogo a Deus que me dê um coração corajoso e perseverança, para nunca trair seu nome", conta. "Preciso me agarrar a Deus, a despeito da dor ou da perseguição. Todos os dias, peço para que, em meio a todo esse sofrimento, ele me dê coragem, a fim de que nada me tente a dar as costas para ele."

Amina, assim como tantos outros seguidores de Jesus perseguidos, nos lembra de que nós também podemos perdoar as pessoas que cometeram ofensas contra nós. As orações que ela faz pela salvação daqueles que praticam o mal também precisam sair dos nossos lábios. A oração por coragem para perdoar, para que não traíamos o nome de Deus, precisa estar em nosso coração. Desse modo, juntos, com nossa família global em Cristo, "apeguemo-nos firmemente, sem vacilar, à esperança que professamos, porque Deus é fiel para cumprir sua promessa" (Hb 10.23).

37

Perdoar os inimigos faz bem

DIYA

Somália

O vento quente de verão espalhava poeira pelo céu da Somália, criando uma espécie de neblina amarronzada — como quase todos os dias. Barcos de pesca sacudiam no oceano Índico além. Mulheres muçulmanas envoltas por panos coloridos caminhavam apressadamente para o mercado, com os véus escondendo tudo, com exceção do formato redondo do rosto.

Em uma cultura que acredita que algumas coisas precisam ficar cobertas, Diya era um rebelde silencioso. Entregara a vida a Cristo, bem como sua esposa, Aniso, e o filho de 6 anos, Amiir. Por quase duas décadas, foi um cristão convertido do islamismo que ia contra a onda de pensamento convencional. Recusava-se a esconder sua Bíblia em idioma somali.

A decisão não era motivada por orgulho. Ele amava as Escrituras por diversos motivos e não sentia necessidade de escondê-la, como se fosse algo vergonhoso. Foi uma de suas poucas posses que resistiu ao incêndio de sua casa em 1991, que ocorreu por causa da deflagração de uma guerra civil. E o mais importante de tudo: era a Palavra de Deus.

Algumas de suas páginas chamuscadas ainda eram legíveis, e ele as lia todos os dias. Sua história preferida era a de Abraão, prestes a sacrificar o filho, quando um anjo apareceu com um cordeiro para salvar a vida de Isaque. Também gostava da promessa no Novo Testamento de que Jesus se tornara como esse cordeiro, um sacrifício pelos pecados de toda a humanidade.

"Enquanto lia a Bíblia, eu me sentia confortado ao saber que Cristo sempre está comigo", refletiu Diya. Era exatamente isso que estava acontecendo quando Amiir observou o pai ler as Escrituras e então colocá-las a seu lado.

Amiir partilhava do amor do pai pela Palavra de Deus, então pegou a Bíblia, com uma grande e ousada cruz impressa na capa, e sentou-se no meio-fio despedaçado do lado de fora. Esticou os pés na poeira e abriu o livro, assim como fazia o pai. À medida que a agitação matinal aumentava, observava com atenção aqueles que passavam, a fim de ver os garotos que conhecia.

De repente, um veículo estacionou perto de Amiir, levantando uma nuvem de pó. Dele saíram depressa dois soldados, membros da União das Cortes Islâmicas, aliança tribal militante que controlava a maior parte do sul da Somália. Seu lema: "Não há Deus além de Alá, e Maomé é seu mensageiro".

— Garotinho — perguntou um deles —, onde você conseguiu esse livro que está segurando?

— É do papai — respondeu com orgulho.

— E onde o papai está?

— Lá dentro — disse Amiir, apontando para a casa.

Os soldados bateram à porta. Quando Diya a abriu, um soldado bateu com a parte de trás do rifle na cabeça dele.

— Papai! — gritou Amiir.

Diya caiu no chão, inconsciente. Amiir correu até ele, chorando e gemendo de tristeza. Aniso se inclinou junto ao marido, com um dos braços em volta do filho, para consolá-lo.

— Por que vocês fizeram isso? — perguntou ela, com os olhos inflamados de raiva. Então puxou o filho para junto ao peito.

Bam!

A bala matou Amiir instantaneamente, atravessando sua cabeça e atingindo a barriga da mãe. Ela morreu depois no hospital.

Diya se recuperou e conseguiu não ser preso por possuir uma Bíblia, mas só porque um líder tribal interveio em seu favor. Meses depois, ele conta que a morte da esposa e do filho o tornaram mais forte e que ele perdoou o homem que os matou.

"Amar e perdoar os inimigos faz bem", disse ele. "Sei que minha esposa e meu filho estão com Jesus Cristo. Tudo o que aconteceu foi pela graça de Deus. Estou mais próximo a Jesus do que antes. A situação não é tão ruim quanto a de outras pessoas. Há gente que é tratada muito pior do que eu. Essas coisas acontecem, e é assim que vivemos."

Ainda assim, é uma luta para ele cuidar sozinho dos dois filhos que sobreviveram. Ele lamenta pelo garotinho brincalhão que perdeu por causa da fé cristã. No entanto, também anseia por crescer na fé e amar a Deus assim como Abraão amava quando se mostrou disposto a abrir mão de tudo para o Senhor, inclusive do próprio filho.

A vida em um lugar onde a perseguição é tão intensa quanto a Somália é extremamente difícil. Diya e os outros cristãos agradecem as orações e o apoio que recebem da família global de Cristo, para que consigam suportar o fardo que carregam. Jesus conhece a dor e os desafios que seus seguidores enfrentam quando abrem mão de tudo para ele. São os fiéis em entregar tudo aqueles que Jesus declara serem dignos dele (Mt 10.37).

38

Uma segunda chance aos outros

AWUNA

Nigéria

Awuna trabalhava como voluntário em um hospital em Jos, no norte da Nigéria, e havia acabado de começar o plantão de sexta-feira.

— Awuna, preciso de você no ambulatório — disse um colega de trabalho.

— Ok, chefe, já estou...

Tiros começaram. As pessoas ali congelaram de medo. Aos 31 anos, Awuna já escutara disparos antes, mas o som e o número dessa vez demonstraram que a situação era grave. O tiroteio era sério — e próximo.

Enquanto as pessoas se apressavam em busca de abrigo, Awuna correu até sua moto. Militantes islâmicos já haviam atacado sua vila na periferia de Jos antes. Ele acelerou por uma estrada de terra sinistramente vazia, na esperança de conseguir chegar em casa.

Quando chegou à vila, a alguns quilômetros do centro de Jos, percebeu que ela estava sendo atacada. "Espere um pouco!", pensou. "Hoje é sexta, o dia em que as crianças estão na igreja ensaiando para o programa de domingo!"

Estacionou a moto e correu até a igreja. Lá dentro, as crianças estavam gritando alto e, estranhamente, apontando para um recipiente. Era uma lata de leite em pó que parecia inofensiva — com exceção do fio dependurado nela.

Seu primeiro pensamento: *Bomba!*

O segundo: *As crianças!*

Imediatamente, pegou o recipiente com a intenção de arremessá-lo por uma janela aberta à sua direita.

Cabum!

O estrondo da explosão atingiu com força as costas de Awuna. Estilhaços penetraram várias partes de seu corpo. Suas mãos laceradas sangravam profusamente. A última coisa que viu antes de desmaiar foi as crianças se aglomerando a seu redor. Em choque. Em lágrimas. Sem nenhuma ferida.

Por meses após a explosão, Awuna não sabia onde estava, nem a diferença entre dia e noite. Sentia dor excruciante. Foram necessárias várias cirurgias para reparar suas mãos gravemente danificadas, mas as feridas não eram apenas físicas. Quando o torpor mental foi embora, ele foi substituído por raiva fervente e amargura profunda em relação àqueles que haviam deixado a bomba dentro da igreja.

"Eu estava irado", conta. "Não culpava a Deus pelo que acontecera, mas estava pensando em vingança — vingança contra aqueles que me machucaram."

Então algo aconteceu. Outros cristãos começaram a visitar Awuna. Oravam com ele e por ele. Ajudavam-no a ler a Bíblia. Enquanto permaneciam ao lado dele, Awuna desenvolveu uma nova vida ancorada na devoção a Jesus. Sua atitude de ir à igreja por obrigação foi substituída por um zelo ardente por aprender mais, viver o evangelho e espalhar as boas-novas.

"Antes do ataque, eu não era um cristão forte", conta. "Mas depois de passar por tudo isso, depois de ver outros cristãos enfrentarem o sofrimento e ter pessoas ao meu lado para me encorajar e orar por mim, fiquei mais próximo a Cristo. Comprometi-me a orar, jejuar e estudar a Bíblia. Deus me deu uma segunda chance para viver no mundo, e quero viver para a glória dele."

E a raiva, amargura e vingança que sentia em relação àqueles que colocaram a bomba? Ele conta:

"Caso me encontrasse com eles, eu lhes diria que os perdoei pelo que fizeram. A Oração do Senhor nos ensina a perdoar quem pecou contra nós. Caso contrário, nossos pecados não são perdoados."

Awuna enfatiza que é um homem transformado. A bomba colocou sua vida em uma nova trajetória. Deu-lhe uma segunda chance para dar ouvidos às palavras de Jesus: "Se alguém quer ser meu seguidor, negue a si mesmo, tome diariamente sua cruz e siga-me" (Lc 9.23). Ele é grato por ter uma cruz a carregar para a glória de Deus.

Por causa da graça divina, todo dia é uma segunda chance para Awuna, bem como para todo aquele que segue a Jesus. Ao perdoar aqueles que lhe fizeram tanto mal, Awuna tem o privilégio de estender a graça de Deus aos outros.

39

Perdão extremo

SUSANNE GESKE E SEMSE AYDIN

Turquia

— Bom dia.

— Bom dia, amigo.

No sexto andar de um prédio comercial em Malatya, cidade turca com meio milhão de habitantes, Tilman Geske e Necati Aydin cumprimentaram um ao outro. Logo chegou Unger Yuksel, o terceiro sócio da editora cristã que possuíam, a Zirve.

Geske, natural da Alemanha, morava na Turquia havia mais de dez anos. Estava trabalhando em um projeto de tradução da Bíblia. Aydin, ex-muçulmano, se mudara com a família de outra parte da Turquia para Malatya a fim de plantar uma igreja. Yuksel era um cristão turco que se convertera do islamismo. Aqueles homens sabiam que alguns nacionalistas turcos os viam como inimigos que trabalhavam para minar as instituições políticas e religiosas do país.

Começaram o trabalho do dia. Mais tarde naquela manhã, o trio recebeu cinco jovens, entre 19 e 21 anos, no escritório, para uma conversa sobre fé. A reunião fora solicitada com antecedência, mas não era conversar que aqueles jovens queriam. Pouco após o início do encontro, eles amarraram Geske, Aydin e Yuksel, os torturaram e lhes cortaram a garganta.

A polícia chegou tarde demais para intervir. No entanto, os cinco agressores foram presos posteriormente.

Os homicídios em si foram chocantes, mas o que pasmou o povo turco foi como as esposas de dois dos assassinados reagiram. Elas perdoaram imediatamente os assassinos dos maridos.

Logo depois de limpar o sangue do marido que estava no chão, Susanne Geske disse a um repórter: "Deus, perdoa-lhes, pois não sabem o que fazem. Eu perdoo quem fez isso".

Mais tarde, ela explicou sua resposta: "Não tive nem um segundo de raiva, nem nada do tipo em meu coração. Aliás, 'não sabem o que fazem' foi o que me veio à mente. Assim como o Senhor tanto me perdoou, eu também lhes perdoei. Descrentes sempre perguntam: 'Como isso funciona? Como você faz isso?'. Eu não faço nada. Isso vem diretamente do Senhor".

Com o tempo, as filhas de Susanne imitaram a resposta da mãe. A princípio, sua filha mais velha estava compreensivelmente indignada, culpando os turcos e querendo voltar para a Alemanha. Entretanto, alguns meses depois, pediu à mãe para visitar os assassinos na prisão. Queria orar com eles, presenteá-los com uma Bíblia e falar de Jesus para os jovens.

A filha caçula de Susanne, com 8 anos na época, também pensava parecido. Disse: "Talvez eles se tornem cristãos; então, se morrerem e forem para o céu, poderão pedir desculpas para o papai, Necati e Unger".

Semse, viúva de Necati, também foi rápida em perdoar. "Eu não me esforcei para tentar perdoá-los", conta. "Deus simplesmente me deu esse dom."

Ela destacou que o perdão não significa que ela evitou o sentimento de dor por ter perdido o esposo. "Eu sofro muito. Vou sofrer até o dia que morrer. Mas não lamento ter me mudado para cá. Foi a melhor coisa que poderia ter acontecido com Necati. Ele fez um milagre; fez algo maravilhoso. Criou um cenário muito belo para sua vida."

Sete anos após os homicídios, os assassinos ainda não haviam sido condenados. Com uma mudança nas leis da Turquia, têm a possibilidade de ser libertos sob fiança. Mas Semse nos lembra de que essa história não diz respeito a injustiça: "Essa história não é um drama. Não é um conto sobre a morte. É um relato de vitória, ganho e encorajamento". Ela já ficou sabendo de pessoas que conheceram Jesus por causa da morte de seu esposo.

"Sei que Deus demonstrou seu amor pela Turquia não só na cruz, mas também pelo sangue de Necati", continuou Semse. "E como posso perguntar por quê? Só peço a Deus que me ajude a carregar esta cruz e que traga pessoas que me ajudem a carregá-la."

Nossa esperança verdadeiramente se encontra em Jesus, que nos perdoa e nos abre as portas do céu. Alegremo-nos pelo perdão extremo que vemos nos exemplos de Semse, Susanne e suas filhas e pelo impacto que criaram para o bem. Que as apoiemos com nossas orações, pedindo consolação, força e coragem enquanto exaltam a cruz de Cristo em meio à perseguição.

MÁRTIRES NA HISTÓRIA

RICHARD WURMBRAND (1909–2001)
SABINA (OSTER) WURMBRAND (1913–2000)
Europa Oriental

Não gostaria de ser casada com um covarde.
Sabina Wurmbrand, para Richard, quando este lhe disse que ela provavelmente perderia o marido se ele proclamasse Cristo para quatro mil delegados comunistas em uma conferência na Romênia

Richard e Sabina Wurmbrand se casaram em 1936, na mesma época em que Dietrich Bonhoeffer defendia o povo judeu que estava na mira de Hitler. Ambos eram alemães de ascendência judaica. Richard, muito inteligente e fluente em nove idiomas, trabalhava como corretor de valores e participava da política esquerdista.

Dois anos depois de se casarem, Richard e Sabina se tornaram cristãos, em boa parte devido à influência de um carpinteiro alemão chamado Christian Wölfkes. Eles entraram para a Missão Anglicana aos Judeus em Bucareste. Richard foi ordenado pastor, primeiro como anglicano e, após a Segunda Guerra Mundial, como luterano.

Durante a guerra, eles pregavam em abrigos antibombas e resgatavam crianças dos guetos. Foram presos e espancados diversas vezes e, pelo menos em uma ocasião, quase executados. Sabina perdeu seus familiares judeus em campos de concentração nazistas.

Após a guerra, o casal continuou a se posicionar em nome de Cristo, mesmo que isso significasse garantia de perseguição por parte do Partido Comunista. Richard distribuía Bíblias para soldados russos e, em 1948, a polícia secreta o apreendeu e o colocou na cadeia. Ele só ganharia liberdade total em 1965. Enquanto isso, Sabina ficou presa por dois anos e foi forçada a trabalhar na construção do canal do Danúbio.

Por fim, Richard e Sabina se tornaram conhecidos como "a voz da igreja subterrânea". Em 1967, deram início ao ministério A Voz dos Mártires. Diante de tudo o que realizaram em escala global, é possível que o maior legado dos dois tenha sido sua predisposição para perdoar. Em seu livro *Nos subterrâneos de Deus*, Richard escreveu sobre um incidente na Romênia envolvendo um homem chamado Borila, responsável por matar a família de Sabina em um campo de extermínio de judeus no início da década de 1940. Richard e Borila foram apresentados pelo proprietário da casa em que residiam. Enquanto conversavam, Borila se gabava do grande número de judeus que ele matara durante a guerra.

— É uma história assustadora — respondeu Richard —, mas não temo pelos judeus. Deus os recompensará pelo que sofreram. Pergunto-me com angústia o que acontecerá com os assassinos quando eles comparecerem perante o Senhor para ser julgados.

Borila reagiu como se fosse pular em cima de Richard, mas o proprietário contornou a situação. Ciente de que o homem amava música, Richard se ofereceu para tocar piano para ele. Mais tarde, escreveu: "Lembrei-me de como o rapaz Davi tocou harpa para o rei Saul quando este foi afligido por um espírito mau".

Após algumas músicas, Richard se virou para Borila. Fez um gesto com a cabeça em direção ao quarto onde Sabina dormia e disse:

— Os pais dela, suas irmãs, seu irmão de doze anos e o restante de sua família foram mortos. Você me contou que executou centenas perto de Golta, e foi ali que a família dela foi ceifada.

Dessa vez, parecia que Borila ia estrangular Richard, que disse então:

— Vamos fazer um experimento. Vou acordar minha esposa, dizer quem você é e o que fez. Posso lhe adiantar o que irá acontecer. Minha esposa não lhe dirá uma palavra de reprovação! Vai abraçá-lo como se fosse um irmão. Vai lhe preparar um jantar. Agora, se Sabina, que é pecadora como todos nós, é capaz de perdoar e amar dessa maneira, imagine como Jesus, o perfeito Amor, pode perdoar e amar você! Basta entregar-se a ele, e tudo o que você fez será perdoado!

Borila chorou de soluçar. Fazia anos que ele era consumido pela culpa, sem conseguir dormir, e escondia a vergonha por meio da ostentação de seus atos.

— Sou um assassino — conseguiu dizer. — Estou encharcado de sangue. O que posso fazer?

Richard clamou:

— Em nome do Senhor Jesus Cristo, ordeno ao diabo do ódio que saia de sua alma.

Ambos caíram de joelhos, levantaram-se e se abraçaram.

Chegara a hora do experimento. Richard acordou Sabina gentilmente. Disse:

— Há um homem aqui que você precisa conhecer. Achamos que ele assassinou sua família, mas ele se arrependeu e agora é seu irmão.

Sabina saiu de camisola, envolveu Borila com os braços e o abraçou. Ambos choraram. Então, assim como Richard tinha predito, ela foi para a cozinha e lhe preparou um jantar.

Parte VI

FIDELIDADE

Portanto, meus amados irmãos, sejam fortes e firmes. Trabalhem sempre para o Senhor com entusiasmo, pois vocês sabem que nada do que fazem para o Senhor é inútil.
1Coríntios 15.58

Qualquer um que segue Jesus fielmente paga o preço por segui-lo e por manter-se firme na verdade da Palavra de Deus. Não importa se vivemos em uma comunidade controlada por extremistas islâmicos que querem matar todos os seguidores de Jesus ou em uma comunidade na qual temos direito político de professar nossa fé mas nos transformamos em párias sociais quando o fazemos. Jesus sabia que seria assim. Ele sabia que o maligno nos tentaria a duvidar de Deus, temer as circunstâncias, escolher o caminho fácil em lugar do difícil e, por fim, negar Jesus e abandonar nossa caminhada com ele.

Não é fácil seguir Jesus quando:

- Ensinar familiares, amigos e vizinhos sobre Jesus pode nos custar a vida.
- Adorar com outros fiéis significa um convite a extermínio em massa por militantes islâmicos.
- A perseverança na fé em Jesus e a recusa em prometer lealdade a qualquer outro nome resultam em espancamento, tortura, prisão e morte.

- A defesa da verdade que Deus deixou em sua Palavra provoca escárnio, ódio e exclusão da comunidade em que vivemos por não ser politicamente correto.

No entanto, Deus chama a todos que se comprometeram a segui-lo para que permaneçam fiéis a despeito das forças que se opõem a nós. Como isso é possível? Permanecemos fiéis à medida que nos concentramos e confiamos em Deus, dependendo dele, que é fiel para estar ao nosso lado e nos recompensar por toda a eternidade. Também permanecemos fiéis ao apoiar e encorajar uns aos outros a fim de sermos fiéis *juntos.*

Nós, seguidores de Jesus, temos o grande privilégio de buscar e servir a Deus não só como indivíduos, mas sobretudo como família, o corpo de Cristo. Desempenhamos um papel importante ao manter uns aos outros focados naquilo que é certo, lembrando-nos da fidelidade de Deus. Como Hebreus 10.23-25 orienta: "Apeguemo-nos firmemente, sem vacilar, à esperança que professamos, porque Deus é fiel para cumprir sua promessa. Pensemos em como motivar uns aos outros na prática do amor e das boas obras. E não deixemos de nos reunir, como fazem alguns, mas encorajemo-nos mutuamente".

O que aconteceu com os seguidores de Jesus quando o apóstolo Paulo estava em cadeias está ocorrendo no mundo inteiro hoje! Ele escreveu: "Quero que saibam, irmãos, que tudo que me aconteceu tem ajudado a propagar as boas-novas". Por causa da fidelidade destemida de Paulo, "a maioria dos irmãos daqui se tornou mais confiante no Senhor e anuncia a mensagem de Deus com determinação e sem temor" (Fp 1.12,14).

Nossa fidelidade a Deus impacta os outros seguidores de Jesus. A fidelidade de um inspira os outros a permanecer fiéis a Deus — a concentrar o coração e a mente em Jesus a fim de enfrentar as tentações, suportar as perseguições e arriscar tudo para segui-lo. Permaneceremos ao lado dos homens, das mulheres e das crianças que se apegam sem vacilar à esperança de que Deus lhes dará poder para continuar fiéis a despeito do mal que lhes é feito?

40

Cem por cento por Jesus

ALI E REBEKAH

Iraque

Era março, época do ano em que o calor insuportável de Mosul ainda não havia chegado para assolar a paisagem iraquiana. No frescor da manhã, a casa ainda estava envolta pela escuridão. Ali, um homem baixinho de quase 50 anos de idade observava Rebekah, sua esposa, dormir.

Eles tinham três filhos: Miriam, 19 anos; Gabir, 17; e Amira, 9. A vida não era fácil — não no tipo de trabalho que Ali realizava —, mas era boa. Deus sempre provera para eles, não obstante a guerra uma década antes, a perseguição que sofriam por crer em Jesus e sua baixa renda. Em meio a tudo isso, Ali e Rebekah haviam resistido e desenvolvido intimidade especial um com o outro.

Levavam uma vida confortável, porém humilde, na casa dos pais dele. Mas a paz dentro do lar era uma realidade distante, porque seus pais, muçulmanos, estavam bravos por Ali ter dado as costas ao islã e se tornado seguidor de Jesus Cristo. E ficavam especialmente zangados porque a família do filho havia decidido seguir seus passos na fé.

Como fazia todos os dias, Ali deixou um bilhete escrito à mão em cima da cama. Era um versículo das Escrituras para sua esposa começar o dia: "Se o grão de trigo não for plantado na terra e não morrer, ficará só. Sua morte, porém, produzirá muitos novos grãos" (Jo 12.24).

Ele entrou na cozinha. Como de costume, pegou um diário já gasto, cheio de orelhas, que guardava perto da torradeira, olhou para cima como se estivesse refletindo e começou a escrever: "Sinto-me tão cheio do Espírito Santo que vive em meu coração que meu pequeno corpo mal consegue conter a medida de amor que ele me tem dado".

Pouco depois, sua família se uniu a ele em oração. "Pai celeste", disse ele, com a cabeça prostrada em volta da mesinha, "pedimos que, hoje, enquanto eu saio para pescar homens, a colheita seja abundante. Oramos para que neste lugar, que deu as costas para as boas-novas, tu faças uma obra poderosa por meu intermédio. Em vez de se voltar para Meca, que, pela primeira vez, as pessoas se voltem para ti e te recebam em sua vida. Pedimos que o reavivamento chegue ao Iraque, que a tua graça venha ao Iraque, que o amor entre no Iraque. Amém."

Durante os três meses anteriores, Ali havia conduzido sete muçulmanos a Cristo. Sua família também havia desempenhado um papel no desenvolvimento espiritual daqueles homens. Ali sabia que não bastava assistir a um homem orar discretamente para Deus pedindo perdão, reconhecendo-o como Senhor e Salvador e pedindo que entrasse em seu coração.

Rebekah conta: "Ali trouxe o primeiro converso para casa, pegou uma bacia de água e lavou os pés dele em reverência e humildade a Cristo, como um lembrete de que era servo de todos".

Sair todos os dias para falar de Jesus em uma cidade na qual as pessoas, em geral, o odeiam, não era uma rotina entediante para Ali. Era sua fonte de energia vital. Ele disse a Rebekah: "Devemos ir a todos os lugares e falar de Jesus para as pessoas. Preciso ganhar uma pessoa para Cristo por dia, 365 dias por ano". Às vezes, ele dirigia até um lugar com vista para Mosul e, com as mãos estendidas, orava fervorosamente pelas almas perdidas que residiam lá embaixo.

Ali e a família sabiam do perigo de seu comprometimento. Dias antes, ele lembrara Rebekah desse perigo ao partilhar com ela Atos 21.13: "[Paulo], porém, disse: 'Por que todo esse choro? Assim vocês me partem o coração! Estou pronto não apenas para ser preso em Jerusalém, mas para morrer pelo Senhor Jesus'".

Enquanto Mosul ganhava vida e a escuridão abria caminho para a luz, Ali deu um beijo na testa da esposa. Ela se despediu. E foi a última vez que o viu vivo.

Ali estava conversando com um homem em uma esquina mais tarde naquele dia quando um carro parou de repente a seu lado. Dois homens o agarraram, o jogaram dentro do veículo e saíram a toda velocidade. Seus captores o torturaram por três dias e três noites, e então lhe deram nove tiros.

Seus sequestradores e assassinos nunca se identificaram. Ninguém pediu dinheiro de resgate. E ninguém foi preso, o que não é incomum em situações como essa. A polícia de Mosul não estava propensa a se esforçar para encontrar os assassinos de um homem que pregava sobre Jesus. Fica claro que queriam apenas que ele parasse de espalhar o evangelho.

Vestida com a roupa preta tradicional de uma viúva enlutada, Rebekah contou: "Nunca achei que viveria sem meu marido. Ele era meu melhor amigo".

Quarenta dias depois, a família de Ali e a comunidade da igreja se reuniram para celebrar a vida dele. Todos concordaram que Ali nunca teria parado de anunciar o evangelho. Ao longo dos anos em que fez evangelismo, plantou muitas sementes. Apresentou Jesus a vários conversos, os quais, por sua vez, levaram outras pessoas a Cristo. O efeito cascata não parava de acontecer. Ali foi um discípulo fiel de Jesus que fez discípulos assim como Jesus ordenou em Mateus 28.19: "Portanto, vão e façam discípulos de todas as nações".

"Às vezes, Deus permite que enfrentemos um período difícil quando perdemos alguém a quem amamos", disse Miriam na celebração. "Nessas ocasiões, ele nos ensina a crescer na fé."

Logo vieram os conflitos após a morte de Ali. Os pais dele culpavam Rebekah pela morte do filho. "Seu apoio a essa pregação de Jesus foi responsável pelo sequestro e morte de nosso filho", disseram. Então expulsaram Rebekah e os netos de casa.

Praticamente destituídos, os quatro se mudaram para um apartamento de um cômodo em uma vila fora de Mosul. A mudança os separou da comunidade da igreja, mas os cristãos que ajudaram a família ficaram surpresos diante da paz, aceitação e estabilidade que demonstravam. Gabir trabalhava depois da aula para ajudar a sustentar a família. Miriam estudava em uma universidade pública.

Rebekah seguiu em frente, apesar da perda. Às vezes, ela se sente tomada pela tristeza. Lágrimas encheram seus olhos recentemente ao falar do falecido marido. No entanto, ao contar sobre a paixão de Ali pelo Senhor, um sorriso se espalhou por sua face. "Agora minha fé é mais forte", conta ela. "Às vezes, as mulheres querem se apegar ao marido. Mas amar de verdade é deixá-los ir e fazer o que Deus precisa que façam. Não me arrependo de nada. Ali morreu cem por cento por Jesus. A única coisa que nos deixou foi seu coração."

Ali demonstrou isso por sua disposição em morrer enquanto servia a Cristo na linha de frente. Em vez de viver para si e para as coisas terrenas, obedeceu fielmente a Deus. Reconheceu um propósito muito maior para a vida e a morte. Ao se posicionar firmemente por Jesus neste mundo, jamais perdeu de vista o céu e a eternidade.

Rebekah aceita a morte do marido como mais que uma mera perda pessoal para ela e os filhos. Serviu para o avanço do reino de Deus. Ela sabe que a vida de Ali não lhe pertencia, para que a perdesse; era de Deus, para ganho dele.

Oremos por Rebekah e sua família, e por tantas outras famílias como eles que se apegam fielmente a Cristo depois que seus amados morrem em nome de Jesus. Eles necessitam de nossas orações, para que encontrem conforto nos braços de Deus e não se afundem em amargura. Que, assim como Ali, venham a ser sementes plantadas para a glória de Deus que dão muito fruto espiritual.

41

Nosso Deus é fiel

JOHN E MARY

Afeganistão

A casamata no Afeganistão estava escura, mas havia luz o suficiente para John enxergar as dezenas de cobras rastejando em sua direção. Era a última manobra de seu pai, um dos principais líderes do Talibã, para atormentá-lo por renunciar Alá e seguir Jesus. Quando isso não deteve John de professar sua fé, o pai soltou um cão de guarda violento em cima dele. O jovem afegão suportou a câmara de tortura do pai por um ano e meio.

Mais tarde, John contou: "Deus me deu poder e me disse: 'Estou contigo'".

Os problemas começaram quando John partiu para fazer uma peregrinação a Meca, na Arábia Saudita. Ele foi muçulmano e retornou seguidor de Jesus. Durante a viagem, um homem com rosto brilhante e vestes brancas resplandecentes lhe apareceu em sonho.

— Meu filho — disse o homem —, vejo que você está me buscando, mas a verdadeira fé não se encontra em Meca. Eu não estou aqui.

À medida que continuava a peregrinação a Meca, John foi ficando incomodado com a hipocrisia que via a cada esquina. A santa peregrinação fora manchada pela exploração dos peregrinos para conseguir dinheiro. Enquanto John e milhares de outros andavam em volta da Caaba, a pedra negra, na Grande Mesquita, a verdade finalmente invadiu sua alma pela primeira vez: "Eles estão adorando uma pedra! Um ídolo!".

Então John teve outra visão. O mesmo homem vestido de branco disse:

— Relaxe. Quero conversar com você porque o amo. Se eu lhe disser quem sou, você perderá sete coisas. Perderá o Alcorão e Maomé. Perderá os pais. Perderá o filho a quem você ama. Perderá seus parentes. E perderá sua riqueza. Ficará desabrigado, e eles o expulsarão de seu país.

John também foi informado de que, se não suportasse tais perdas, ele não poderia seguir o homem da visão.

— Se você me disser qual é seu nome — disse John —, vou acreditar em você.

— Eu sou seu Deus — respondeu o homem da visão. — Sou Jesus Cristo.

Ao voltar para casa, John disse ao pai:

— Não creio em seu Alá.

— Você é um infiel! — disse, tomado de ira, e começou a bater em John. — Se você falar assim com as pessoas, vou cortar sua língua fora!

— Eu quero contar às pessoas — respondeu John.

— Se você disser para os outros que se tornou cristão, vou *queimar* você, sua esposa e seu filhinho!

Então John foi forçado a entrar na casamata. Normalmente, ela era usada para prender e torturar inimigos do Talibã. Mesmo após o pai soltá-lo passados dezoito meses, as dificuldades de John não terminaram. Ainda assim, ele permaneceu fiel em sua caminhada com Jesus, e Deus trabalhou poderosamente em sua vida.

Ele ignorou as ordens do pai de não compartilhar sua fé.

Testemunhou a esposa Mary aceitar Jesus depois de também receber uma visão do Senhor. Alegrou-se quando toda a família, com exceção do pai, recebeu a Cristo.

Quando Mary engravidou do segundo filho, o pai dela insistiu que o bebê recebesse o nome de Sayeed Muhammed.

— Não — declarou John. — O nome dele será Isa [Jesus].

— Seu marido é um infiel! — o homem disse irritado para a filha. — Você deveria abortar a criança.

Ela fez que não com a cabeça e proclamou a própria fé em Cristo.

O pai lhe deu um golpe no rosto que a fez cair no chão e quebrar os dentes. Então lhe deu repetidos socos na barriga e a arrastou até o pai de John, que também começou a espancá-la.

Quando os líderes do Talibã souberam dessas deserções da fé em Alá, culparam o pai de John e lhe ordenaram que matasse o filhinho do casal. Quando a mãe de John e a de Mary souberam da notícia, tramaram uma forma de ajudar o jovem casal a sair do Afeganistão. Comprometeram-se a cuidar do neto até que a família pudesse se unir novamente.

Depois que partiram do país, John levou Mary ao médico. Lá descobriram que o bebê estava morto. Mary também corria risco de morte se o feto não fosse removido. John não tinha condições de pagar pelo procedimento, então fez a única coisa que sabia: orou com o maior fervor possível. Na manhã seguinte, ficou pasmo ao ver Mary de pé com toda calma, segurando uma xícara de chá.

Quando voltaram ao médico, os olhos dele se arregalaram, sem acreditar.

— O bebê está vivo! — exclamou. — Como isso é possível?

John contou ao médico que havia orado a Jesus, e o doutor disse que a vida do feto era "um milagre". Muitos funcionários do consultório se entregaram a Jesus.

Mas o pai de John não havia terminado de se vingar da rebeldia do casal a Alá. Descobriu onde estavam morando e ordenou que voltassem para o Afeganistão e negassem a fé cristã. Caso não o fizessem, o garotinho de 2 anos seria morto.

John foi atrás de várias autoridades para tentar salvar o filho, mas não obteve nenhuma ajuda. A fidelidade do casal a

Jesus custou caro, pois o pai de John entregou o neto para o Talibã. Ele foi executado. Uma foto de seu corpo sem vida foi exibida em um *website* do grupo terrorista com o objetivo de despertar medo entre os infiéis.

O pai de John matou a maior parte da própria família por causa da lealdade que eles tinham a Jesus. E o pai de Mary, ao ficar sabendo que a esposa havia conspirado para tirar John e Mary do Afeganistão, também a matou, dando-lhe veneno de rato para comer. Em meio à angústia de todas essas perdas, a fé de John e Mary não vacilou.

Mesmo tendo de se mudar seis vezes em oito meses para fugir do Talibã, os dois continuaram a seguir Jesus. Foram batizados, e Mary deu à luz um menino saudável. John deseja que "mais pessoas vejam Jesus" e começou um ministério pela internet que nem cobras, cães de guarda, ameaças e mesmo a morte foram capazes de deter.

Tamanha fidelidade não surge dos nossos esforços. Ela se encontra enraizada no caráter de Deus, que é fiel àqueles que sofrem por amor ao seu nome.

O livro de Daniel conta a história do rei Nabucodonosor, que obrigou todos de seu vasto reino a se prostrarem perante uma estátua dele próprio, feita em ouro e com nove andares de altura. Quem não o fizesse seria queimado vivo em uma fornalha. Sadraque, Mesaque e Abede-Nego, exilados de Israel, recusaram-se a se dobrar ao ídolo. Eles disseram: "Ó Nabucodonosor, não precisamos nos defender diante do rei. Se formos lançados na fornalha ardente, o Deus a quem servimos pode nos salvar. Sim, ele nos livrará de suas mãos, ó rei. Mas, ainda que ele não nos livre, queremos deixar claro, ó rei, que jamais serviremos seus deuses ou adoraremos a estátua de ouro que o rei levantou" (3.16-18).

Deus foi fiel e livrou milagrosamente esses homens, assim como foi fiel em poupar John e Mary quando eles se recusaram a renunciar sua fé e quando John se negou a adorar uma pedra. Assim como esse casal corajoso, inúmeros irmãos e irmãs em Cristo necessitam de nossas orações. Podemos ajudá-los pedindo a Deus que os sustentem em tempos de perigo e desespero. Inspirados pela coragem resoluta que demonstram, permaneçamos fiéis também, a despeito do alto preço que precisemos pagar.

42
Lutando contra Deus

SHAHNAZ E EBI
Irã

Em seu apartamento, no alto de uma cidade do norte do Irã, Ebi cerrava e abria o punho com raiva. "Como minha filha é capaz de fazer isso comigo?"

— Shahnaz — disse, voltando-se para ela —, você está só passando por uma fase. É como seu fascínio por aquele profeta islâmico ou por aquele músico norte-americano.

— Não, pai, não é verdade — respondeu ela. — Sou cristã. Sou uma seguidora de Jesus, uma seguidora apaixonada de Jesus!

O coração de Ebi bateu mais forte. "Preciso permanecer calmo." Tentou se convencer de que era só uma moda passageira. Afinal, ele sabia que dois terços da população iraniana têm menos de 30 anos. Os jovens se deixam impressionar com facilidade. O que os fascinaria em seguida?

— Minha filha — disse com cuidado —, tenho a confiança de que logo você deixará esse capricho passageiro para trás, assim como fez com todos os seus outros fascínios pelo Ocidente.

— Não — explicou a jovem. — Dessa vez é diferente. Não é algo que vem da mente, mas do coração.

Ebi mordiscou o lábio inferior.

— Não estou pedindo, Shahnaz. Estou *mandando.* Eu sou seu pai! Não envergonhe a mim, nem a nossa família, nem a Alá, aderindo a um mito que desprezamos. Deixe esse Jesus bem longe de você!

— Pai, você está me escutando? — perguntou ela. — Pela primeira vez na vida me sinto *contente*!

Ele cerrou os punhos e os manteve fechados. "Como ela ousa se voltar contra a fé na qual a instruí? Como ousa correr o risco de me humilhar?"

Ebi não disse nada, nem fez nada. Ao longo de dois anos, porém, foi ficando cada vez mais indignado. A ira aumentou quando ele descobriu que a filha fazia parte de um grupo de jovens que estudava a Bíblia. Ficou ainda mais nervoso quando soube que ela estava falando para os amigos sobre esse Jesus.

Então ele e a esposa tiveram uma ideia. Combateriam a obsessão de Shahnaz por Jesus tentando-a com o amor. Antes de ser ludibriada por essa conspiração contra Alá, ela era apaixonada por um jovem muçulmano que vivia ali perto. Os pais a proibiram de se casar com ele, muito embora ela o desejasse desesperadamente como marido. Quem sabe o problema de ontem não seria a solução de hoje para seu desencaminhamento!

Convidaram o jovem e seus pais a irem até seu apartamento a fim de conversar sobre a possibilidade de casamento. Quando Shahnaz percebeu que haviam mentido, dizendo que ela voltara a se interessar por ele, chorou e ficou nervosa. Ela não amava mais aquele homem, nem queria se casar com ele. Tampouco queria envergonhar o jovem e os pais dele.

Então pediu para conversar com o pai em particular.

— Desculpe-me, papai — disse ela —, mas agora eu sou cristã. Não posso me casar com um muçulmano. Minha vida mudou. Tenho o propósito de servir a Deus. E, pai, você faria muito bem em servir a ele também. Ele é diferente de Alá. Ele...

— Já chega! — ele cortou o assunto com severidade.

Ao perceber que Shahnaz havia rejeitado o filho, os pais do rapaz foram embora ofendidos. Agora eram os pais de Shahnaz que estavam envergonhados.

— Como você ousa nos envergonhar dessa maneira? — gritou o pai depois que as visitas foram embora.

Enquanto sua esposa se dirigia rapidamente para outro cômodo, Ebi desafivelou o cinto, tirou-o da calça e bateu nas costas da filha.

Pá. Ela caiu no chão.

— Você se dá conta de que eu posso matá-la agora mesmo com o amparo da lei? — gritou. — Você é uma muçulmana que se tornou cristã! É uma apóstata! Minha reputação ficará arruinada por sua causa!

Shahnaz se encolheu enquanto ele lhe batia vez após vez após vez com o cinto.

— Vou continuar batendo até você ficar de joelhos, renunciar ao cristianismo e voltar para o islã! — disse, rubro de raiva. O suor brilhava em seu rosto, e sua respiração era pesada.

— Senhor! — clamou Shahnaz. — Eu não quero negar minha fé. Jesus, me ajude!

Enquanto o pai se preparava para atingi-la de novo, algo muito estranho aconteceu. Como se estivesse sendo guiado por alguma força invisível, estendeu os braços e começou a bater no próprio rosto.

Pá! Pá! Pá!

— Pai?

— Eu sou... uma pessoa... ruim — disse baixinho, sem o tom anterior de raiva. — Sou tão sujo. Tão estúpido. Estou lutando contra Deus!

Shahnaz observava surpresa o milagre enigmático que estava ocorrendo bem diante de seus olhos.

O pai caiu para a frente no chão.

— Por favor, Deus, me perdoe! — orou, com os olhos fechados e lágrimas escorrendo pelo rosto.

Depois de ouvir a queda do corpo do marido, a mãe de Shahnaz voltou correndo para a sala.

— O que você fez? Você o matou? — gritou ela.

— Mãe — respondeu Shahnaz —, eu não faço ideia do que aconteceu.

A mãe começou a buscar o número da emergência no celular.

De repente, os olhos de Ebi se abriram e, com grande esforço, ele se levantou do chão.

— Não preciso de uma ambulância — falou. — Agora eu sei exatamente do que necessito.

Caminhou em direção a Shahnaz, que instintivamente se afastou. Abriu os braços... e a envolveu em um abraço. Sua esposa fitava a cena, atônita. Shahnaz sentiu a certeza inesperada de que estava segura.

— Por favor, me perdoe — disse ele. — Agora reconheço contra quem eu estava lutando.

Ebi então lhe contou a visão que teve:

— Enquanto eu estava lhe batendo, vi Jesus com o braço esquerdo envolvendo você. Com o braço direito, ele fez um gesto para que eu parasse de agredi-la. E me disse: "Pare de bater nela, pois ela me pertence!". Então percebi que, ao golpear com o cinto, estava batendo em Jesus.

Semanas depois, após muitas conversas com Shahnaz e outros cristãos sobre o Jesus ao qual sua filha não estava disposta a renunciar, Ebi se humilhou e aceitou Jesus como Senhor e Salvador de sua vida. Agora, ao olhar para a cidade abaixo de seu apartamento, Ebi sentia a paz de Deus, uma paz que nunca havia experimentado e que ainda não consegue entender por completo.

Olhou para o relógio. Era hora de deixar tudo pronto. Logo chegariam os convidados para a reunião da igreja que ele e a esposa haviam se oferecido para receber em casa. Eles se uniram à filha, que seguira fielmente em sua caminhada, na esperança de 1Tessalonicenses 1.6: "Assim, apesar do sofrimento que isso lhes trouxe, vocês receberam a mensagem com a alegria que vem do Espírito Santo e se tornaram imitadores nossos e do Senhor".

43

Perdendo a família para ganhar a Cristo

ALEJANDRO

Filipinas

Alejandro olhou no espelho dependurado em sua cabana de bambu. Ele gostava do que via. O único filho homem de uma família muçulmana austera, sorriu satisfeito ao reconhecer como havia honrado o pai ao se unir a rebeldes islâmicos. Agora ele havia se tornado um assassino a sangue frio, um terrorista para Alá. Até matara cristãos. "Esses assassinatos", pensou, "provam que sou um herdeiro digno."

Mal sabia ele que um dia olharia para o mesmo espelho e se veria coberto de vergonha, sem nenhum orgulho de seus atos de violência. "Eu não tinha medo de matar para a glória de Alá", relembra. "Era mais fácil matar uma pessoa do que uma galinha."

Até mesmo homicidas têm consciência e, por fim, a culpa enviada por Cristo encontrou espaço na alma de Alejandro. Embora tenha mantido o compromisso com a fé e a família islâmica, saiu do grupo militante e encontrou um emprego secular. Sua esperança era encontrar satisfação no conforto e no prazer.

Mais uma vez, Jesus incomodou seu coração. Um cristão que havia conhecido em suas viagens para Mindanao, uma das sete mil ilhas das Filipinas, o convidou para ir à igreja. A princípio, Alejandro recusou, mas os convites persistiram até ele finalmente dizer sim.

Na igreja, Deus abalou a imagem que Alejandro tinha de si mesmo. Ele reconheceu quem realmente era: um assassino a sangue frio que buscava satisfação por meio da violência, do poder e da intimidação. Era como se Deus estivesse dizendo: "Enxergue-se como eu o vejo, como um pecador. Sim, mas um pecador salvo por minha graça".

Pela primeira vez desde que era garotinho, Alejandro se debulhou em lágrimas. "Eu era um militante durão, um assassino islâmico", conta. "Eu nunca chorava."

Naquele dia, ele decidiu deixar o islã e seguir Jesus.

Quando Alejandro contou ao pai sobre sua conversão, o homem explodiu de raiva e jogou um facão no rosto do filho.

— Maldito seja! — disse irado. — Eu vou *matá-lo*!

Alejandro fugiu da casa da família e nunca mais viu os pais desde aquele dia. Às vezes, conversa com as irmãs e elas sempre falam a mesma coisa: os pais ainda se sentem profundamente irados, magoados e traídos.

Alejandro não seria capaz de sacrificar o amor recém-descoberto por Jesus em troca da reconciliação com os pais. Ele havia recebido nova vida em Cristo, uma perspectiva eterna para sua existência e um propósito de vida. Largou o emprego e começou a estudar teologia.

Quatro anos depois, quando Alejandro concluiu o curso, os líderes da denominação que o empregou o enviaram para uma igreja remota e abandonada. No passado, 130 famílias cultuavam ali. Isso até os ataques implacáveis de extremistas muçulmanos os afastarem.

Dizer que ele enfrentava desafios estarrecedores para permanecer fiel a Deus em meio a essa situação seria um grande eufemismo. Sua vida corria riscos todos os dias. À noite, colocava tampão nos ouvidos para bloquear barulhos de tiro e explosões de granadas enquanto rebeldes — como ele fora no passado — atacavam vilas vizinhas.

Quando viajava para as vilas próximas a fim de partilhar as boas-novas de Jesus, ia a pé ou de búfalo. Era uma mudança para uma realidade bem mais humilde. Em suas missões terroristas no passado, realizava os ataques em alta velocidade, dirigindo uma caminhonete ou pilotando uma motocicleta. Em meio a todos esses desafios, Alejandro permaneceu fiel. A igreja começou a crescer pouco a pouco.

Ao participar de um congresso cristão, Alejandro conheceu outros pastores perseguidos. A interação com eles o renovou e revigorou. Teve até a alegria de conduzir um muçulmano a Cristo. Na última noite da conferência, Alejandro teve uma conversa profunda com um dos participantes que estava em luto pela perda de parentes — um pastor, sua esposa e filhos — que haviam sido mortos por militantes islâmicos vários meses antes. Só Deus é capaz de levar um ex-assassino muçulmano de cristãos para consolar e orar por fiéis que sofrem nas mãos de extremistas islâmicos.

Alejandro dedica a vida a proclamar a mensagem evangélica de Jesus e vivencia diariamente o desafio que o apóstolo Paulo deixou para os seguidores de Cristo em Colosso: "Pensem nas coisas do alto, e não nas coisas da terra. Pois vocês morreram para esta vida, e agora sua verdadeira vida está escondida com Cristo em Deus" (Cl 3.2-3). O velho Alejandro morreu, e sua nova vida está em Jesus. Ore por ele e por todos nós que seguimos Jesus, para que sejamos fiéis a essa nova visão de nós mesmos que só Deus pode dar. Somente o Senhor tem poder para transformar uma vida baseada no ódio em uma existência alicerçada no fundamento eterno de Jesus e seu amor.

44

A serva fiel

PARVEEN

Paquistão

Parveen, 23 anos, era funcionária doméstica e residia na casa dos patrões, uma rica família de muçulmanos. Ganhava dezessete dólares por mês e destinava alguns deles para ajudar a sustentar a família. Por ser cristã, gostava de passar os domingos, seu dia de folga, na igreja e na casa dos pais, onde as pessoas se reuniam com frequência para ler a Bíblia. Era um bom sistema — até que a família muçulmana para quem ela trabalhava descobriu.

Certo sábado, Fatima, sua patroa, surpreendeu Parveen com uma exigência:

— Não tire folga amanhã. Venha trabalhar. Vou receber visitas.

— Amanhã é domingo — Parveen lembrou.

— O que tem de especial aos domingos? — perguntou Fatima. — Por que você não quer vir trabalhar domingo?

— Domingo é nosso dia especial da família — respondeu Parveen. — Nós vamos à igreja.

Assim que a palavra *igreja* foi mencionada, Fatima apertou os olhos. Não disse uma palavra, mas ficou refletindo profundamente. Na manhã seguinte, ordenou a Parveen que limpasse a casa.

— Estou me arrumando para ir à igreja — disse a moça. — Já estou atrasada.

Fatima explodiu.

— Por que você segue Jesus Cristo e o chama de Filho de Deus? Por que você vai à igreja? Não é verdade essa história de Jesus ser Filho de Deus. Somente nosso santo profeta Maomé é o último profeta amado de Deus.

— Mas é verdade que Jesus Cristo é nosso Senhor — Parveen respondeu baixinho. — Eu o amo, e amo adorá-lo.

A raiva de Fatima aumentou ainda mais.

— Vocês, cristãos, são cidadãos de terceira categoria. Limpam nossas casas muçulmanas. Somos nós que lhes damos o pão de cada dia. Quem são vocês para se negarem a cumprir nossas ordens?

Fatima deu um tapa em Parveen, depois um soco e um chute, tudo isso com o acréscimo do veneno verbal.

— Seu Jesus Cristo não é o último profeta! — gritou Fatima, arrastando Parveen por uma porta. — E vocês, cristãos, deveriam parar de adorá-lo.

— Continuarei adorando meu Jesus — disse Parveen, tentando se defender, enquanto tomava a resolução silenciosa de não chorar.

Fatima chamou as duas filhas e o marido para se unirem a ela na agressão a Parveen. Eles aceitaram o convite sem hesitar.

— Vamos ensinar uma lição para você — disse o marido de Fatima. — Aceite o islã. Diga que não há deus além de Alá e que Maomé é seu profeta.

— Não — declarou Parveen, de joelhos, procurando se esquivar do ataque.

Fatima interrompeu o espancamento e tentou uma nova tática:

— Tudo bem, se você aceitar o islã, nós lhe daremos cem mil rúpias. Você poderá usar o dinheiro para ajudar nas necessidades de sua família.

Parveen olhou para cima e fez que não com a cabeça.

— Não aceito o islã nem se você me oferecer dez bilhões de rúpias.

Logo Fatima mudou para outra estratégia motivacional.

— Se você não aceitar o islã, vamos deixá-la gravemente ferida e acusá-la de roubar nosso dinheiro e de blasfemar contra o profeta Maomé.

Quando Parveen se recusou a aceitar essa condição, Fatima a torturou por três horas e então a trancou dentro de um dos cômodos da casa. Mais tarde, os filhos e o marido de Fatima queimaram os pulsos de Parveen com cigarro.

Ao longo dos dois dias seguintes, deram a Parveen somente pão e algumas verduras — nada de água. Os pais da jovem, preocupados, apareceram para perguntar sobre ela. Fatima respondeu:

— Recebemos visitas e Parveen está ocupada fazendo o trabalho dela. Amanhã ela irá para casa.

Às dezoito horas do dia seguinte, a moça ainda não havia retornado. Então os pais voltaram à casa dos patrões junto com outros cristãos. Por fim, Fatima soltou Parveen.

São raras as ocasiões em que a perseguição aos cristãos em países islâmicos ou por facções muçulmanas viram notícia. Talvez fiquemos sabendo de alguns casos de perseguição que resultaram na morte de grupos de cristãos, mas milhares de situações mais sutis de perseguição jamais serão relatadas. A história de fidelidade de Parveen à fé em Jesus nos desperta para a perseguição nos bastidores que muitos seguidores de Jesus enfrentam. A própria jovem despertou para essa realidade.

Sua experiência a inspirou a ajudar outras moças cristãs que trabalham dentro de quatro paredes, em casas muçulmanas, e sofrem perseguição terrível. Depois que outros cristãos deram uma máquina de costura para Parveen e ela conseguiu pagar o que devia à família de Fatima, a jovem começou a dar aulas de costura. Seus cursos são um meio de as jovens mulheres aprenderem a ter uma renda sem precisar trabalhar para famílias que abusariam delas e as perseguiriam.

Parveen se alegra por suas novas oportunidades de ministério: "Sem medo de ser torturada, ameaçada ou verbalmente abusada por patrões muçulmanos, em meu ambiente de trabalho no lar posso orar e adorar ao Senhor sempre que quiser. Aleluia!".

Além disso, Parveen encontrou uma maneira de ajudar suas irmãs em Cristo que também são perseguidas. Ao pensar em como apoiar a igreja global e nossos irmãos e irmãs que correm riscos por causa de suas crenças, podemos orar para que eles se apeguem fielmente à verdadeira esperança do evangelho, sejam quais forem as circunstâncias. E também podemos procurar meios de permanecer ao lado deles como mordomos fiéis da graça de Deus.

45

Quando ele caiu em si...

SULEIMAN

Nigéria

No norte da Nigéria, os rumores acerca de Suleiman Abdulai chegaram à sua casa antes dele próprio. Na casa bem mobiliada de sua família, sua mãe estava sentada em uma cadeira, apertando os dedos como se estivesse sovando pão. O pai andava de um lado para o outro. "Essas notícias não podem ser verdade!", questionavam. Afinal, eles o haviam criado para ser um muçulmano devoto. Leram a maior parte do Alcorão para ele. Garantiram que ele entendesse as tradições férreas da família.

Quando Suleiman entrou em casa, a frieza dos pais poderia tê-lo feito congelar de medo. Mas Suleiman se lembrou de que havia coisas mais importantes em jogo do que agradar aos pais. A paz de Deus mandava embora toda ansiedade.

— Suleiman — disse o pai, sem nem o cumprimentar direito —, ficamos sabendo de notícias desconcertantes. É verdade? Você entregou a vida a... — ele hesitou, como se relutasse até mesmo em dizer a palavra —... *Cristo*?

Suleiman assentiu com a cabeça.

Seu pai estremeceu.

— Quanto a igreja lhe pagou para você se converter? — exigiu saber. Sua raiva crescia. — *Quanto*?

— Não ganhei dinheiro nenhum — respondeu Suleiman. — Eu recebi a luz.

O pai olhou para ele com desdém e então se afastou. Mas as coisas não ficariam assim. Entrou em contato com todos os líderes muçulmanos que conhecia e pediu que orassem pelo filho apóstata. Entretanto, algumas semanas se passaram e Suleiman não mudou de ideia.

— Negue essa religião! — ordenou o pai.

— Não, é impossível — explicou o filho. — Eu encontrei a verdade.

Tentando uma nova abordagem, seu pai o mandou morar com uma irmã. Ela também o rejeitou, dizendo:

— Talvez você caia em si.

O que ela não sabia era que, assim como o filho pródigo no evangelho de Lucas, Suleiman já havia caído em si. Conforme diz a passagem: "Quando finalmente caiu em si, disse: 'Até os empregados de meu pai têm comida de sobra, e eu estou aqui, morrendo de fome'" (15.17). Suleiman percebeu que havia passado fome espiritual a vida inteira. Finalmente, por causa do amor e do perdão de Cristo, estava se banqueteando em Jesus, "o pão da vida" (Jo 6.35).

No entanto, essa reviravolta espiritual não havia sido fácil. Enquanto crescia, usava seu intelecto e sua língua afiada para menosprezar todo e qualquer seguidor de Cristo. Aliás, ele se especializou em humilhar os cristãos, crendo que essa prática o ajudaria a conquistar favor no céu. Até que uma colega de trabalho chamada Elizabeth o convidou para ir à igreja. Quando o culto terminou, ele sentiu que o pastor estava falando diretamente com ele. Suleiman até acusou Elizabeth de ter contado da vida dele para o pregador.

Elizabeth afirmou que não havia feito isso, e Suleiman resolveu fazer um teste. Sentou-se bem no fundo em outro culto, em um lugar no qual tinha certeza de que o pastor não conseguiria vê-lo. Durante a pregação, mais uma vez Suleiman teve a certeza de que a mensagem ainda parecia diretamente voltada para ele.

Mais tarde, explicou: "Ele falou coisas que pareciam específicas a meu respeito, coisas que nunca contei para ninguém".

Então Suleiman entregou a vida a Jesus. Começou a estudar a Bíblia. E contava sobre sua nova fé a todos que quisessem ouvir. A despeito da resistência da família, ele se casou com Elizabeth. Quando a levou para conhecer sua família, os parentes explodiram de fúria por causa da fé do casal em Cristo.

— Negue esse Cristo ou prepare-se para morrer — ordenou uma tia. — Ou pelo menos finja negar a fé.

No cômodo ao lado, onde conseguia escutar a conversa, Elizabeth tremia de medo. Teve certeza de que os familiares de Suleiman o matariam.

Durante horas, a família o assediou com ataques verbais. Sentindo-se exausto, ele se lembrou das palavras de Jesus: "Mas quem me negar aqui na terra, eu também o negarei diante de meu Pai no céu" (Mt 10.33). Essa mensagem simples foi o suficiente para enchê-lo de forças.

— Não vou negar aquele a quem sirvo — declarou. — Estou pronto para morrer porque sei que Cristo está aqui.

Então entrou no cômodo onde Elizabeth estava, pegou a mão da esposa e os dois fugiram noite adentro.

Mas a perseguição não terminou naquele momento. A família de Suleiman contratou uma gangue com armas automáticas para atacar o prédio onde o casal havia alugado um quarto. Os dois, porém, conseguiram fugir. Seus pais o deserdaram e privaram ambos de qualquer auxílio financeiro.

Dez anos se passaram desde então. Suleiman dedica a vida a falar de Jesus para os outros. Os filhos do casal nunca conheceram os avós. Às vezes, a situação familiar pesa de tal maneira sobre Suleiman que ele se tranca em um quarto e chora.

"Não fico triste por causa da saudade", conta. "Entristeço-me porque eles não vão para o céu. Continuam acreditando que são as obras que os levarão para lá."

Suleiman se apega fielmente ao Deus da Bíblia e à Palavra. Sabe que sua esperança deve repousar naquilo que Deus diz, não no que sua família muçulmana ou outros acreditam. Assim como a história do filho pródigo revela, Deus está pronto para receber no lar todo aquele que cair em si e se entregar a ele em fé. Podemos nos alegrar com Suleiman porque ele encontrou o Deus da graça e do perdão. Ore por ele e por tantos outros em nossa família perseguida de cristãos que anseiam para que sua família terrena creia no Deus da Bíblia. Ore pelo ministério de Suleiman de evangelismo a muçulmanos que estão perdidos no caminho — assim como ele esteve por tanto tempo.

46

O poder irresistível do amor

EHSAN

Iraque

Na cidade de Erbil, no norte do Iraque, o vento seco e poeirento só piorava o mau cheiro irritante da queima do lixo e da fumaça de fábricas vizinhas. O cheiro de comida feita ao ar livre anunciava o início de mais um dia naquele agrupamento de refugiados da guerra e da violência. Uma multidão procurava abrigo em pátios de igrejas e em prédios abandonados ou arruinados. Na rua, as pessoas usavam plástico, papelão — qualquer coisa — para protegê-las do calor causticante do sol implacável.

Menos de uma hora de carro separa Erbil de Mosul, a cidade mais conhecida. Mosul é uma cidade conservadora, de maioria árabe, com forte influência islâmica. Erbil é uma cidade curda moderada, que abriga refugiados de toda a região: iraquianos árabes, persas, curdos, iranianos e sírios.

Em meio a esse cenário, Azhar orou em silêncio e gentilmente trouxe à tona uma conversa sobre Jesus com seu amigo muçulmano Ehsan. Ele já havia falado de Jesus para Ehsan antes, mas o amigo resistira à boas-novas do evangelho.

— Como Deus pode ser, conforme você diz, tanto completamente humano quanto plenamente divino? — perguntou Ehsan, que então mencionou outras preocupações. — Os cristãos mataram muçulmanos em nome da religião durante as Cruzadas, e os cristãos que eu conheço são hipócritas. Pregam uma vida de pureza e vivem de forma impura.

Azhar conhecia muito bem a advertência bíblica contra os hipócritas e como Jesus denunciara a hipocrisia dos fariseus e de outros cujas ações não eram equivalentes a seu discurso.

— A Bíblia na qual nossa fé se baseia condena justamente essa imoralidade da qual você fala — respondeu Azhar. — Nem todo aquele que se diz cristão é fiel de verdade.

Ehsan deu de ombros, sem se convencer, e a conversa mudou de assunto.

Azhar continuou a orar pelo amigo, enquanto uma nova prática imoral tomava conta da região como uma praga. *Jihadistas* do Estado Islâmico haviam devastado Mosul na tentativa de fundar um estado político-religioso puramente islâmico. Eles deram um ultimato aos cristãos que residiam em Mosul: convertam-se ao islã, paguem um imposto tão caro que praticamente ninguém tem condições de desembolsar, saiam da cidade ou morram.

Muitos seguidores de Jesus fugiram para o Curdistão iraquiano ali perto, onde missionários cristãos já estavam ocupados ajudando refugiados sírios e iraquianos que ficaram desabrigados durante conflitos anteriores. Outros fugiram para Erbil. Em meio ao caos e desespero, Azhar e outros cristãos começaram a fazer aquilo que Deus os chamou para realizar: servir aos outros. Eles trabalhavam incansavelmente para suprir as necessidades dos refugiados da região. Parte desse esforço envolvia encher sacos plásticos de alimentos, roupas, materiais de higiene e Bíblias a fim de distribuir para pessoas desesperadamente necessitadas.

Por dois meses, Ehsan, que tinha um emprego administrativo, observou de longe.

— Ehsan — Azhar perguntou certo dia —, você gostaria de ajudar?

Ehsan hesitou, mas enfim concordou em dar uma mão. A equipe de voluntários trabalhou por nove horas sem nem parar para almoçar. Quando terminaram, Azhar convidou Ehsan para jantar com ele. Enquanto comiam, Azhar notou algo diferente na disposição do amigo. Ele entendeu do que se tratava quando Ehsan perguntou:

— Que tipo de amor é esse que vocês têm? Qual é o motivo desse amor?

Surpreso com a pergunta, Azhar não respondeu de imediato, imaginando que o amigo pudesse ter mais perguntas.

— Por que vocês colocam Bíblias nos sacos? — continuou Ehsan. — E como conseguem amar pessoas que nem conhecem?

Ao perceber que o envolvimento de Ehsan com os refugiados havia aprofundado sua curiosidade, Azhar respondeu:

— Hoje você viu que há um Deus que nos dá poder para trabalhar duro o dia inteiro. É ele quem nos dá esse amor.

Ehsan continuou a fazer perguntas sobre a origem desse amor e então fez mais um questionamento que Azhar não esperava: será que ele também poderia ganhar uma Bíblia?

— Sugiro que você comece lendo Mateus — disse Azhar, ao entregar uma Bíblia para o amigo. — Se ficar preso em algo que não conseguir entender, ore e peça respostas a Jesus. Ligue-me de manhã para conversarmos sobre o que você leu.

Na manhã seguinte, Azhar não parava de olhar as horas, ansioso por ouvir de Ehsan. Mas ele não telefonou. Preocupado, Azhar finalmente ligou para ele.

— Meu amigo — Ehsan começou devagar, com convicção —, fiquei acordado a noite inteira. Jesus se revelou para mim. Quero dar o passo final. Desejo ser batizado e me envolver no ministério assim como você.

Quando se encontraram de novo, Azhar abraçou o novo irmão em Cristo e lhe ensinou tudo o que podia sobre a fé cristã.

— Não há compromisso pela metade — enfatizou Azhar. — A vida cristã é cheia de sacrifícios.

Ehsan parecia compreender. Ele começou a frequentar uma pequena igreja em uma casa de Erbil e foi batizado. Continuou a ajudar a empacotar suprimentos para os refugiados. Orava por aqueles que receberiam as doações.

Meses depois, um homem do trabalho de Ehsan abordou Azhar, sabendo que este era amigo de seu colega de firma.

— O que há de diferente com Ehsan? — perguntou. — Aconteceu uma mudança, há uma nova paz dentro dele.

— Vou lhe dizer o motivo — respondeu Azhar, ciente de que Ehsan gostaria de partilhar a verdade. — Agora ele conhece Jesus.

Azhar convidou o colega de trabalho para o culto. Ele foi e, no final, pediu:

— Posso ficar com uma Bíblia?

Às vezes, a necessidade por trás dos questionamentos das pessoas sobre Jesus e a Bíblia não está ligada à busca por respostas e conhecimento teológico. Diz respeito ao amor sincero de Cristo demonstrado nos lugares onde ele é tão necessário. Quando os seguidores de Jesus levam a mensagem do evangelho a sério e colocam em prática o amor de Deus em seus relacionamentos, as pessoas que necessitam de Cristo certamente notarão. Jesus disse que esse amor faria toda a diferença: "Seu amor uns pelos outros provará ao mundo que são meus discípulos" (Jo 13.35).

São nossos atos, não só nossas palavras, que levam as pessoas que não conhecem Jesus a fazer perguntas e aceitar. Ehsan havia ouvido falar do evangelho muitas vezes, mas foram as ações demonstrando o amor de Jesus que o levaram a crer. O amor em ação atrai poderosamente as pessoas para sua fonte: o Deus da Bíblia. Que o amor de Deus preencha tanto nosso coração a ponto de se tornar evidente em nossa maneira de servir o próximo e cuidar dos outros.

47

Buscando e encontrando em Bangladesh

PINTU HOSSAIN

Bangladesh

Pintu Hossain estava de pé em frente à igrejinha de tijolos aparentes. Em vários aspectos, sentia-se como José, o homem acerca de quem lera em um curso bíblico. José fora exilado pelos irmãos, jogado em um poço, sozinho, abandonado, sem qualquer esperança.

Pintu, porém, estava cercado por multidões, um lembrete de que Bangladesh é o país mais densamente povoado e mais pobre do mundo. Seu coração batia acelerado. "Todas essas pessoas indo de um lado para o outro", pensou. "Para onde vão? Por que as estou seguindo?" Então sua mente se voltou para perguntas ainda mais prementes: "Será que devo entrar nesta igreja? E o que fazer com todas essas perguntas que rondam minha mente desde que sou criança?".

Em um país no qual quase nove a cada dez habitantes são muçulmanos, Pintu cresceu acreditando que o islã era a única religião. Ele orava cinco vezes ao dia. Jejuava por trinta dias durante o Ramadã. Chamava os outros para irem orar com ele na mesquita. "Por que eu não me sinto contente?", ele se perguntava. "Por que minha fé não me satisfaz? Por que todas as minhas orações e tantos jejuns não me dão a certeza de que estou certo ao seguir a multidão?"

Enquanto estava no ensino médio, Pintu ficara fascinado com a ideia de aprender com pessoas de outras culturas. Começou a escrever cartas, na esperança de que os destinatários respondessem. E alguns realmente escreveram de volta. As correspondências se tornaram um *hobby* sério.

— Pintu — disse um amigo —, aqui está um endereço para o qual você deveria escrever.

O nome, Curso Bíblico por Correspondência, intrigou Pintu. "O que é essa tal de Bíblia? E esse curso? Seria coisa daquela religião cristã, daqueles idólatras que adoram deuses diferentes, em vez de Alá?"

Mas ele precisava admitir que a oferta despertou sua curiosidade. Se concluísse o curso bíblico, ganharia uma Bíblia gratuita em bengali. Então começou: "Caro senhor, por favor, matricule-me em seu curso. Gostaria de fazê-lo".

Quando o curso bíblico chegou, as histórias só aprofundaram suas preocupações quanto ao islã. Deparou com um Deus cristão que alegava ter criado todas as pessoas, amar a todos e perdoá-los até mesmo quando pecassem. Pintu concluiu o curso em nove meses e, conforme prometido, recebeu a Bíblia. Ao perceber o que ele estava lendo, seus familiares ficaram indignados. Assim como os irmãos de José o abandonaram, os irmãos de Pintu também lhe deram as costas. Achavam que ele estava sendo infiel ao islã.

Ainda assim, Pintu lutava com perguntas profundas sobre Deus e a vida. Foi até o imã local e perguntou:

— Maomé realmente pode me salvar?

O imã franziu o cenho.

— O quê? Você está duvidando de nosso profeta?

Pintu decidiu buscar respostas para suas perguntas no Alcorão. Mas nada encontrou.

Por fim, ansiando pela verdade e consumido pela curiosidade, estava em frente àquela igreja, um ponto estável em um mundo repleto de movimento. Abriu a porta e entrou, mas logo se arrependeu. O homem lá na frente, que parecia ter acabado de começar a falar, parou abruptamente. As poucas dezenas de pessoas ali dentro se entreolharam, preocupadas.

O homem começou a falar mais uma vez, do princípio, mas logo parou de novo. Agora as pessoas começaram a sussurrar.

Pela terceira vez, o pregador começou a mensagem e, pela terceira vez, parou.

"Ele é doido!", pensou Pintu, retirando-se irritado em direção à porta. Havia acabado de abri-la quando o homem iniciou mais uma vez e suas palavras falaram diretamente ao coração de Pintu.

— Desculpem-me — disse o pregador à pequena congregação —, mas, cada vez que começo a mensagem, sinto que Deus deseja que eu fale sobre outro tema. Sobre alguém do Antigo Testamento. Sobre José, um homem que foi exilado por seus irmãos.

Pintu soltou a maçaneta. Virou-se devagar. "José?" Voltou para seu assento com os olhos vidrados no orador.

Enquanto o pregador falava sobre José e a traição dos irmãos, Pintu ouvia cada vez mais maravilhado. "Esse homem está contando minha história!" Assim que o culto terminou, Pintu correu até o orador.

— Você me conhece?

O pastor respondeu que não.

— Então como sabe minha história de vida? — perguntou Pintu.

Uma luz se acendeu na mente do pregador.

— Agora entendi por que Deus não deixou que eu pregasse o sermão que havia preparado. Hoje era um culto muito especial, e eu tinha elaborado uma boa pregação. Mas ouvi um sussurro junto a meu ouvido dizendo: "Não pregue este sermão. Em vez disso, fale sobre a vida de José".

A voz falou três vezes, sempre que ele começava a proferir o sermão preparado. Por fim, resolveu obedecer.

— Agora entendi que foi por causa de você — disse, com um sorriso. — Deus o trouxe aqui para lhe dar uma nova vida em Jesus.

Pintu e o pastor conversaram por mais duas horas, debatendo questões que havia tanto assolavam o jovem. Pouco a pouco, começou a entender a verdade sobre Jesus. Prostrou a cabeça e orou pedindo a salvação.

Ao tomar conhecidmento dessa decisão, os pais de Pintu o expulsaram de casa. Mas ele permaneceu fiel a Jesus. Orava com fervor pedindo oportunidades para partilhar o evangelho com os pais e os irmãos que o haviam abandonado. Um a um, eles se entregaram a Cristo.

Sem saber, Pintu vivenciou esta promessa de Jesus: "Peçam, e receberão. Procurem, e encontrarão. Batam, e a porta lhes será aberta" (Mt 7.7). Ele fora fiel em "bater" e "procurar" esperança espiritual. Buscou a Deus. Completou o curso bíblico. Entrou na igreja. A despeito das incertezas, deu esses passos de fé — e Deus mudou sua vida para sempre.

Agora Pintu evangeliza muçulmanos que, assim como ele no passado, se sentem sozinhos, abandonados e sem esperança, buscando algo mais para a vida. Começou a oferecer um curso bíblico por correspondência semelhante ao que fez, o mesmo que o ajudou a despertar seu interesse pelo Cristo ressurreto. Também começou um programa cristão de rádio. É um grande privilégio para cada um de nós que segue Jesus apoiar aqueles que procuram conhecer a Deus. Que sejamos fiéis em continuar a buscá-lo e obedecer a seus "sussurros" em nossos ouvidos.

48

De volta do abismo

MARY

Nigéria

Quando os extremistas islâmicos do grupo Boko Haram invadiram uma vila nigeriana no estado de Adamawa, os habitantes ficaram aterrorizados. Mary, 24 anos, escondeu-se em uma casa de barro com as irmãs e amigas, entre elas, uma que se casaria naquele dia. Ficaram escondidas por dias. Por fim, no anoitecer do quarto dia, saíram correndo em direção à savana, na esperança de escapar. Imediatamente, soldados viram as jovens e as cercaram.

Mary sabia muito bem que a campanha do Boko Haram para estabelecer um Estado islâmico no norte da Nigéria havia deixado milhares de mortos e forçado mais de 1,5 milhão de pessoas a deixar suas casas. Sabia que o grupo de rebeldes já tinha sequestrado milhares de jovens como ela — estuprando-as, fazendo lavagem cerebral e forçando-as a entrar para o exército como assassinas treinadas. Mary sabia que seu pesadelo havia acabado de começar.

Ela relata: "A única coisa que pensei enquanto eles me levavam é que eu morreria. Sabia que iriam me matar. Orei então para que o bom Senhor perdoasse tudo o que eu já havia feito de errado".

Mary viu os terroristas atirarem em sua irmã mais velha, matando-a por ter desobedecido à ordem de assassinar um homem que se recusou a renunciar a fé cristã. Viu a amiga que iria se casar no dia em que foram atacadas ser "casada" com um dos comandantes do Boko Haram. Assistiu às duas irmãs da amiga sofrerem o mesmo destino.

E Mary era estuprada repetidamente. "Às vezes, cinco homens me estupravam ao mesmo tempo", conta. "Depois desse, aquele e mais outro."

Quando os captores descobriram que ela era cristã, forçaram-na a recitar versos do Alcorão.

Semana após semana recebendo esse tipo de tratamento cobrou seu preço. "Eu esqueci como orar, como ler a Bíblia. Quando estava com o Boko Haram, a única coisa que sabia fazer eram as orações muçulmanas."

Mary foi forçada a liderar um ataque contra os cristãos que cultuavam na igreja de sua vila. Após o ataque, o líder anunciou que ela também se casaria em breve com o homem que a estuprava diversas vezes, o mesmo que havia matado sua irmã.

"Chega!" Mary planejou sua fuga cuidadosamente. Certa noite, na qual os terroristas estavam mais bêbados que de costume, ela e uma mulher mais velha fugiram para o mato. Quando conseguiu voltar para a vila, mais uma onda de tristeza tomou conta dela. Depois que as filhas foram abduzidas, seu pai morreu de ataque cardíaco. Ela era a única sobrevivente de sua família próxima.

Mary luta para voltar a ser a mesma jovem de antes do sequestro. Levará tempo para superar o trauma que sofreu. Quando lhe perguntam sobre seus raptores, diz: "Eu os perdoo, mas se pegar um membro do Boko Haram, eu o mato!". Será uma jornada dolorosa.

Mas não é uma jornada que Mary está trilhando sozinha. O corpo de Cristo tem caminhado ao lado dela, expressando paciência, entendimento e compaixão, à medida que ela tenta reconstruir a vida e escolhe não se culpar por aquilo que ela ou os outros fizeram.

Embora ainda não consiga perdoar incondicionalmente os terroristas do Boko Haram, é fiel em sua caminhada com Jesus. Ela conta: "Antes, eu não ia à igreja, não lia a Bíblia, nem orava.

Mas agora vou à igreja todos os dias. Peço a Deus que perdoe todos os meus pecados, pois não quero voltar à minha vida passada. Sou agora uma cristã que nasceu de novo. Sou grata por minha vida".

O autor de Hebreus nos apresenta uma perspectiva que ajuda a todos os que seguem Jesus a lidar com a realidade de seu passado doloroso e a agradecer a Deus por suas providências para hoje e por toda a eternidade: "Lembrem-se dos primeiros dias, quando foram iluminados, e de como permaneceram firmes apesar de muita luta e sofrimento. Houve ocasiões em que foram expostos a insultos e espancamentos; em outras, ajudaram os que passavam pelas mesmas coisas. [...] Sabiam que lhes esperavam coisas melhores, que durarão para sempre [no céu]" (Hb 10.32-34).

A esperança gloriosa para Mary e para toda a nossa família em Cristo que sofre perseguições é que, pela graça e ajuda de Deus, eles superarão o passado traumático e viverão no presente com a expectativa do futuro celestial eterno.

MÁRTIRES NA HISTÓRIA

PERPÉTUA (182–203)

Cartago (na atual Tunísia)

"Pai, está vendo aquele vaso colocado ali para ser um jarro ou algo semelhante?" E ele disse: "Vejo sim". Então respondi: "Poderíamos chamá-lo de qualquer outro nome além do seu?". E ele falou: "Não". "Tampouco poderia eu me chamar por um nome diferente daquilo que sou, uma cristã."

Perpétua

Para uma mulher de sua época, Perpétua vivia da maneira mais confortável possível. Nascida perto do fim do segundo século com os privilégios da prosperidade e da nobreza, era culta e instruída. Aliás, o diário que escreveu sobre seu julgamento e cárcere é um dos poucos documentos do mundo antigo de autoria reconhecidamente feminina.

Aos 22 anos, Perpétua havia se casado. Dera à luz um filho recentemente e ainda amamentava quando foi presa. Estava se preparando para receber o batismo cristão quando o governador de Cartago começou a colocar em vigor o edito do imperador romano contra a conversão ao cristianismo. Perpétua foi presa junto com Revocato, a escrava Felicidade, Saturnino e Secundo. Seu batismo ocorreu na prisão.

Seu pai pagão estava extremamente angustiado por causa do compromisso da filha com Cristo e o destino que a aguardava. Em diversas ocasiões, tentou dissuadi-la de permanecer firme na fé. Implorou para que "deixasse de lado a coragem" e pensasse na vida de seu filho recém-nascido, que poderia não sobreviver sem ela. Ela lamentava que o pai não partilhasse de sua fé e disse: "Tudo o que acontecer será da vontade de Deus. Saiba que não dependemos de nosso próprio poder, mas, sim, do poder de Deus".

Até mesmo o procurador romano pediu a Perpétua que considerasse fazer algum sacrifício para Roma pelo bem de seu aflito pai e do filho recém-nascido. O que estava em questão era sua recusa em prestar homenagem aos deuses de Roma. Tudo o que ela precisava fazer era jogar alguns grãos de incenso no altar de um deus pagão em reconhecimento de seu domínio e ela seria perdoada — liberta. Perpétua se recusou a fazê-lo, reconhecendo apenas Cristo como seu Senhor. Por causa disso, foi condenada à morte na arena, junto com os outros fiéis.

Enquanto esperava a execução da sentença, ficou presa em uma masmorra e, por vezes, acorrentada a um tronco. A princípio, as trevas profundas e opressoras do calabouço a assustaram. Ficou aflita por causa do filho até que tomaram providências para levá-lo a Perpétua. Então o local "se tornou para mim como se fosse um palácio". Quando o supervisor assistente da prisão viu que o poder de Deus estava em Perpétua e nos outros cristãos, permitiu "que muitos irmãos viessem nos ver, para que tanto nós quanto eles fôssemos mutuamente revigorados".

Uma das outras fiéis, a escrava chamada Felicidade, estava grávida durante essa provação. A lei romana proibia a execução pública de gestantes, e ela se preocupou de que não pudesse morrer com seus companheiros de fé. As duas oraram com fervor para que o bebê nascesse antes e, alguns dias antes da data marcada para a execução, Felicidade deu à luz uma menina, que foi adotada por outros cristãos.

Quando Perpétua e Felicidade foram levadas à arena, continuaram firmes na fé. Recusaram-se a vestir as roupas de deuses romanos que lhes foram entregues. Em vez disso, entraram usando as próprias vestes. Ao procurador romano, disseram: "Você está nos julgando, mas é Deus quem o julgará".

Diante disso, a multidão de expectadores exigiu que elas fossem chicoteadas.

Juntas, Perpétua e Felicidade enfrentaram um touro feroz na arena. Ficaram feridas, mas sobreviveram. Perpétua levantou Felicidade e a trouxe para junto de si. Aos outros companheiros, disse: "Permaneçam firmes na fé, amem uns aos outros e não se sintam ofendidos por causa de meus sofrimentos".

Enquanto os gladiadores marchavam para terminar o trabalho, Felicidade morreu. Quando o executor de Perpétua hesitou, ela o ajudou a guiar a espada para dentro de seu corpo. Essas fiéis seguidores de Cristo permaneceram juntas e deixaram juntas este mundo.

A palavra de Deus nos lembra diversas vezes de que o mundo no qual vivemos aqui e agora não é nosso lar eterno. Aqueles que creem em Jesus podem olhar para o futuro com a confiança de que nosso lar eterno se encontra no céu, onde não haverá mais sofrimento, somente alegria e paz. Além disso, recebemos a promessa de que qualquer perseguição terrena que suportemos em nome de Jesus nos trará recompensas eternas, e ouvimos as seguintes palavras de nosso Mestre: "Muito bem, meu servo bom e fiel. [...] Venha celebrar comigo" (Mt 25.23).

Compromisso

Histórias que provocam uma resposta

As histórias deste livro nos levaram a lugares como Egito, Irã, Nigéria, Iraque e Paquistão. Vimos em ação os temas bíblicos de sacrifício, coragem, alegria, perseverança, perdão e fidelidade. As experiências de Samrita, Musa, Amina, Nadia, Hoda, Walid, Alejandro e Mary são atuais e verdadeiras, e elas nos inspiraram.

Lemos sobre as lágrimas desses membros de nossa família, e quem sabe até choramos junto com eles. Vimos sua alegria e sentimos a esperança que somente uma perspectiva eterna é capaz de oferecer, após a devastação que enfrentaram. Essa visão geral nos forçou a fazer a seguinte pergunta: "O que significa para *mim* ser 'n' onde vivo?".

Precisamos do exemplo de fidelidade desses irmãos diante da perseguição. Seus sacrifícios são um testemunho poderoso do amor do nosso Deus, cuja graça se estende para salvar todo pecador e dá poder aos seguidores de Jesus para que vivam em serviço fiel a ele.

O padrão de alegria que manifestam à medida que perseveram e servem a Jesus com coragem nos inspira e nos capacita a agir de maneira semelhante. Deus se faz presente de forma muito especial e íntima com os perseguidos. Quando os elevamos ao céu em nossas orações, Deus nos dá o privilégio de ser suas mãos, seus pés e sua voz ao lado deles, não importa onde moremos.

Qual é sua resposta? Você é "n"?

Talvez você esteja se perguntando como reagiria caso enfrentasse perseguição direta. É possível que se questione se tem a força necessária para representar Cristo da melhor forma. Queremos lhe deixar a certeza de que você *tem*, sim, tudo de que precisa para reagir bem. Se você tem a Cristo, tem tudo de que precisa.

Em Lucas 21.12-15, Jesus ensinou seus discípulos como se preparar para a perseguição: "Antes de tudo isso, porém, haverá um tempo de perseguição. Vocês serão arrastados para sinagogas e prisões e, por minha causa, serão julgados diante de reis e governadores. Essa, contudo, será sua oportunidade de lhes falar sobre mim. Mais uma vez lhes digo que não se preocupem com o modo como responderão às acusações contra vocês, pois eu lhes darei as palavras certas e tanta sabedoria que seus adversários não serão capazes de responder nem contradizer".

Conforme seguimos a Cristo, podemos ter esta confiança: não importa o que estamos enfrentando, onde nos encontramos ou que tipo de inimigo temos, ele irá nos guiar, orientando até mesmo as palavras que sairão de nossa boca. A promessa é clara. Deus será com você e, à medida que depender dele, o Senhor o guiará.

Agora que você conheceu irmãos e irmãs de alguns dos lugares mais difíceis do mundo, Deus o conduzirá a orar por eles e servi-los. Não queremos lhes dar as costas. Não queremos deixar nenhum membro de nossa família para trás. Nós colocamos uns aos outros de pé. Extraímos forças de suas vitórias. Aprendemos com o exemplo deles. E expandimos o reino de Deus junto com eles.

Devemos manter os olhos fixos em nossa esperança eterna em Cristo, sabendo que ele está conosco e que fazemos parte de seu reino.

Nosso Deus é fiel. Ele ficará ao nosso lado e sua Grande Comissão se cumprirá!

Oração de compromisso: "Eu sou n"

Pai celeste,

Senti-me inspirado por meus irmãos e irmãs perseguidos. Peço-te que me dês poder para dar passos ativos a fim de crescer em:

SACRIFÍCIO. Calcularei o preço do discipulado e o pagarei voluntariamente porque tu és digno disso.

CORAGEM. Não ficarei paralisado pelo medo porque tu me dás poder para correr o risco de testemunhar de ti.

ALEGRIA. Eu me alegrarei em meio às lutas e ao sofrimento neste mundo por causa da esperança eterna que tenho em ti.

PERSEVERANÇA. Permanecerei firme, resistindo a qualquer oposição. Por tua força, resistirei e superarei.

PERDÃO. Permitirei que operes em meu coração para que eu te obedeça e ame meus inimigos, perdoando os outros assim como tu me perdoaste.

FIDELIDADE. Não deixarei que as adversidades me levem a ser infiel à tua Palavra ou desobediente aos teus propósitos.

Senhor, ajuda-me a me lembrar sempre de minha família cristã. Que eu nunca deixe meus irmãos e minhas irmãs em Cristo sofrerem em silêncio, nem permita que sirvam sozinhos. Deixarei o testemunho deles me inspirar a te seguir. *Eu sou n.*

Nome: ________________________

Data: __/__/____

Regiões onde os cristãos enfrentam extremistas islâmicos

Principais grupos e áreas de perigo

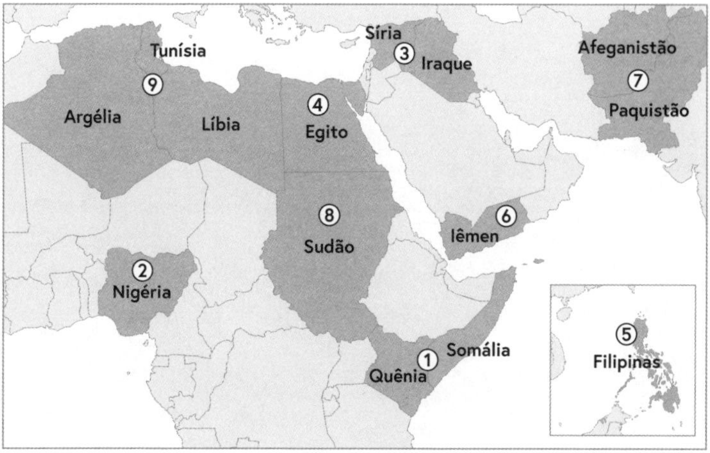

1. **Quênia e Somália**
   Al-Shabab
2. **Nigéria**
   Boko Haram
3. **Iraque e Síria**
   Estado Islâmico (EI)
4. **Egito**
   Irmandade muçulmana
5. **Filipinas**
   Frente Moro de libertação islâmica, Abu Sayyaf
6. **Iêmen**
   Al-Qaeda
7. **Afeganistão e Paquistão**
   Talibã
8. **Sudão**
   Regime sudanês liderado por Omar al-Bashir
9. **Argélia, Tunísia e Líbia**
   Al-Qaeda e Ansar al-Shariah

A Voz dos Mártires

A missão **A Voz dos Mártires** (VdM) é uma organização missionária cristã interdenominacional sem fins lucrativos dedicada ao serviço de nossa família perseguida ao redor do mundo por meio de auxílio prático e espiritual e da promoção de comunhão entre os membros do corpo de Cristo. A VdM foi fundada em 1967 pelo pastor Richard Wurmbrand, que ficou preso na Romênia comunista por catorze anos em razão de sua fé em Cristo. Sua esposa, Sabina, passou três anos no cárcere. Em 1965, Richard e Sabina foram resgatados da Romênia e criaram uma rede global de missões dedicada a auxiliar os cristãos perseguidos.

Inspire-se na fé corajosa de nossos irmãos e irmãs em Cristo perseguidos e descubra maneiras de servi-los inscrevendo-se para receber a *newsletter* mensal gratuita da VdM. Visite nosso *site*: <www.persecution.com>.

Aprenda sobre os cinco propósitos principais e a declaração de fé da VdM em: <www.persecution.com/aboutvom>.

Para saber mais sobre o trabalho da VdM, entre em contato conosco:

África do Sul	www.persecution.co.za
Austrália	www.vom.com.au
Bélgica	www.hvk-aem.be
Canadá	www.persecution.net
Coreia do Sul	www.vomkorea.kr
Estados Unidos	www.persecution.com
Finlândia	www.marttyyienaani.fi
Holanda	www.sdok.org

Itália	www.eun.ch
Nova Zelândia	www.persecution.co.nz
Portugal	www.vozdosmartires.com
Reino Unido	www.releaseinternational.org
República Tcheca	www.hlas-mucedniku.cz

Bibliografia

BBC News. "Pakistan Minorities Minister Shahbaz Bhatti Shot Dead." 2 de março de 2011. <www.bbc.com/news/world-south-asia-12617562>.

Bonhoeffer, Dietrich. *Meditations on the Cross.* Ed. Manfred Weber. Trad. Douglas W. Scott. Louisville, KY: Westminster John Knox Press, 1998.

Bradford, John. *The Patient Suffering of Trouble and Affliction for Christ's Cause.* Em: *Writings of the Rev. John Bradford.* Philadelphia: Presbyterian Board of Publication, 1842.

Foxe, John; The Voice of the Martyrs. *Foxe: Voices of the Martyrs.* Orlando: Bridge-Logos, 2007. [Disponível em português como *O livro dos mártires.* São Paulo: Mundo Cristão, 2016.]

Ming-Dao, Wang. *A Call to the Church from Wang Ming-Dao.* Ed. Leona F. Choy. Trad. Theodore Choy. Fort Washington, PA: Christian Literature Crusade, 1983.

The New Encyclopedia of Christian Martyrs. Comp. Mark Water. Grand Rapids, MI: Baker Books, 2001.

Stults, Roy. "Stubborn Saint: Wang Ming-Dao and the Birth of the Chinese House Church Movement." *Christian History*, n. 109 (2014).

The Voice of the Martyrs. *Iran: Finding Hope in the Axis of Evil.* Restricted Nations. Bartlesville, OK: Living Sacrifice, 2009.

Wurmbrand, Richard. *In God's Underground.* Bartlesville, OK: Living Sacrifice, 2004. [Disponível em português como *Nos subterrâneos de Deus.* Curitiba: AD Santos, 2001.]

______. *Tortured for Christ.* Bartlesville, OK: Living Sacrifice, 2013.

Compartilhe suas impressões de leitura,
mencionando o título da obra, pelo e-mail
opiniao-do-leitor@mundocristao.com.br
ou por nossas redes sociais

Esta obra foi composta com tipografia Minion Pro e Europa
e impressa em papel Pólen Soft 70 g/m² na gráfica Assahi